W0272310

Les NFT (enfin) expliqués

9782365420143

Ce livre est dédicacé à Vous

Remerciements

A chacun d'entre vous qui partagez votre passion pour les NFT, et les Cryptos. Ensemble nous continuons d'avancer !

Sommaire

Table des matières

Vous avez récemment entendu parler des NFT. Notamment avec la vente record de Beeple chez Sotheby's pour 69,3 millions de dollars[1] ou parce qu'il ne se passe pas un jour sans que la presse s'empare du sujet.

Vous avez envie de prendre le train en marche et refusez de rester sur le carreau. Accessoirement, vous n'êtes pas contre faire une jolie plus-value sur une opération NFT / Crypto... et surtout vous voulez comprendre. Cela vous semble surréaliste que l'on puisse acheter plusieurs millions une œuvre qui s'affiche sur un écran. Pourquoi et comment est-il possible de vendre un bien immatériel ? Qui est capable d'en acheter ? Sont-ils tous devenu fous ? Est-il réellement possible de faire fortune en vendant une image numérique ?

Tant de questions se bousculent dans votre esprit. Et vous avez parfaitement raison de vous interroger sur cette mécanique qui dématérialise l'art et qui fait s'envoler la cote d'œuvres qui ne vous auraient pas intéressé par ailleurs.

Vous vous dites : Si certains peuvent acheter un NFT quelques euros et le revendre plusieurs milliers, il y a peut-être un coup financier à faire.

Ici aussi vous avez raison. Les NFT peuvent être considérés comme une valeur spéculative et ils méritent qu'on s'y intéresse. Ne serait-ce que pour investir sur les bons artistes et réaliser une jolie plus-value.

Peut-être êtes-vous un artiste et vous voyez dans les NFT une nouvelle façon de partager votre art. Une ambition disruptive qui agite vos neurones.

C'est une excellente nouvelle car l'art c'est aussi explorer, expérimenter... et si vous êtes un peu malin, votre art pourra être connu et vendu dans le monde entier. Mais cela ne se fera pas tout seul. Mieux vous maîtriserez l'écosystème des NFT et mieux vous pourrez partager et faire reconnaître votre art.

Quelle que soit votre motivation : la curiosité, la spéculation ou la démarche artistique, il est légitime et nécessaire de s'intéresser aux NFT.

Pourquoi devez-vous acheter ce livre ?

Parce que vous allez pouvoir comprendre ce que sont les NFT, explorer leur mécanique, comprendre les enjeux pour l'avenir et peut être investir et spéculer ou encore créer vos propres NFT.

Je crois fermement en leur démocratisation et en la décentralisation des opérations. Car les NFT sont indissociables des blockchains et des cryptos. Si vous voulez y voir clair, raison de plus d'acheter ce livre.

Sans blabla, en allant droit au but, en étant didactique, je vous prends par la main pour vous montrer le chemin.

Car, comme vous, il y a quelques mois, je n'y comprenais pas grand-chose. J'avais un portefeuille de cryptos et je regardais cela avec un peu de curiosité et je me demandais ce que j'allais bien pouvoir en faire. Le jour où un journaliste très cher à mon cœur m'a demandé si je connaissais les NFT et à partir du moment où j'ai commencé à m'y intéresser, je suis devenue une vraie boulimique de l'info. Car mon cursus marketing et mon expérience d'entrepreneur m'ont permis d'évaluer le potentiel de cette révolution.

J'ai commencé par comprendre, ensuite investir et finalement créer. Aujourd'hui je partage mes connaissances au sein d'écoles et d'universités renommées (Dauphine, Ecole W, Paris School of Luxury, l'Efap...) Je donne des conférences et anime des ateliers dans des agences marketing, auprès de marques prestigieuses... et surtout, je partage cela avec vous.

Vous avez le désir d'en savoir un peu plus ou l'ambition de comprendre la mutation de l'économie... Sous souhaitez réinventer votre métier ou booster votre patrimoine en devenant un investisseur averti. Toutes les motivations trouveront une réponse claire et détaillée dans ce livre.

Vous découvrirez des cas pratiques, des exemples, des sites à suivre, les personnalités qui font les NFT et des infos pertinentes pour réussir votre incursion dans ce monde

fabuleux.
Bien évidemment j'évoquerai aussi les blockchains et les cryptos (qui sont indissociables des NFT) et je vous présenterai les metaverses pour que vous ayez un panorama des plus complets et que vous puissiez envisager l'univers des NFT à 360°.

Préface

De nombreux projets dans ma vie sont partis d'un : « chiche on le fait » Ce qui a donné des choses un peu folles. Ce livre ne fait pas exception.

La réalité est que lorsque j'ai lancé mon premier NFT (Vergetures) en juin 2021 et ensuite une collection complète de 298 NFT (Construction : Déconstruction)[2] en août 2021, j'ai senti beaucoup de curiosité autour du projet, mais surtout beaucoup d'yeux grands comme des soucoupes car mes proches et mes amis ne comprenaient pas ce que c'était...

J'ai souhaité leur expliquer. En étant concrète, factuelle et en rapprochant les exemples de ce que nous connaissons. Car tout le jargon technique et anglophile qui entoure les NFT est de nature à embrumer les esprits. Ajoutez à cela quelques articles de journalistes qui, n'y comprenant rien, décrètent qu'il s'agit d'une fumisterie... et vous avez les composantes ce qui pourrait être un épiphénomène. Oui mais voilà, l'économie des NFT n'a pas le temps de savoir si vous avez compris, elle avance. Avec ou sans vous. Et entre le moment où j'ai commencé la rédaction et le moment où je publie, tant de chose ont encore évolué !

Aujourd'hui vous êtes capable d'envoyer un e-mail au volant de votre voiture (attention, je ne dis pas que c'est bien ou que c'est un exemple à suivre... mais je vous vois depuis ma Batmobile !) Pourtant vous ignoriez tout de l'Internet à la fin des années 90 et vous ne savez toujours pas ce qu'est un DNS ni à quoi ça sert (et en réalité ce n'est pas grave, vous n'avez pas besoin de comprendre pour que cela fonctionne)

Dites-vous que vous en êtes au même stade aujourd'hui pour les NFT et les blockchains et que demain ils seront une norme adoptée par tous. La question n'est pas de savoir si cela arrivera... mais QUAND ?

Et à ce petit jeu, ceux qui se souviennent de l'arrivée du net ou les geeks, ont déjà une longueur d'avance sur vous. Parce qu'ils ont évalué le potentiel de cette technologie et maintenant ils savent que cela peut aller très vite.

Et aussi parce que nous avons tous les outils. Aujourd'hui tout le monde a un ordinateur personnel et les téléphones sont mille fois plus puissants que les PC que nous avions à l'époque. En 1995, les mêmes personnes ne voyaient pas l'intérêt d'avoir accès à l'information en temps réel ou l'intérêt de pouvoir communiquer avec le monde entier. Aujourd'hui, ce sont les premiers à faire un FaceTime avec leurs petits-enfants qui habitent en Asie.

Retournez-vous et regardez comment le téléphone mobile et surtout les smartphones ont transformé notre vie.

De nouveaux usages sont devenus tellement évidents. Vous payez votre pot de Nutella en approchant votre téléphone d'un boitier alors qu'il y a quelques années, votre Livret A était un petit carnet jaune dans lequel Madame la Postière écrivait à la main le dépôt que vous veniez de faire en espèces. En une seule vie (et qui est loin d'être finie) regardez comment tout a changé en matière de technologie. Notre génération est la seule à avoir vécu cela.

Lorsque j'étais enfant, la Bourse, c'étaient des informations incompréhensibles à la fin du journal télévisé (avant les dessins-animés de l'après-midi). Vue sur la corbeille à la Bourse de Paris où les bras s'agitaient au-dessus de fronts en sueur et de chiffres qui défilent sur un écran en 16 bits. Aujourd'hui mon ado pourrait trader depuis son téléphone alors que je suis persuadée qu'il est sagement sur Snapchat.

Les NFT c'est la Bourse des années 80, l'internet des années 90. Alors, autant s'y intéresser aujourd'hui. Ne serait-ce que pour comprendre de quoi on parle. D'appréhender comment évolue l'économie de demain. Que vous vous y intéressiez ou pas, que vous y croyiez ou pas, l'évolution est en marche et dans un timing beaucoup plus resserré que celui de l'évolution du net. Parce que la technologie évolue plus vite et parce que d'autres ont déjà compris tous les enjeux et se tailleront la part du gâteau. Les développeurs travaillent sur la blockchain depuis 2008 et les plateformes de NFT existent depuis 2017.

L'objectif n'est pas de devenir un crack des NFT ou des blockchains, mais d'avoir suffisamment d'informations pour sauter dans le train avant qu'il ne se transforme en TGV, puis en fusée.

Aujourd'hui, vous avez votre permis de conduire et vous savez à peu près comment fonctionne une boîte manuelle... ce n'est pas pour cela que cela fait de vous un ingénieur en mécanique. En revanche, vous êtes capable d'aller d'un point A à un point B, même si vous changez de véhicule. C'est l'objectif de ce livre, vous donner les clés pour avancer... et si vous êtes emballé par les NFT, vous pourrez aller plus loin et apprendre la mécanique.

Quoi qu'il en soit, je vais tâcher d'être la plus claire possible. L'objectif est que vous aussi vous puissiez expliquer les NFT à votre entourage. Et si vous réussissez, alors c'est que ce livre aura tenu toutes ces promesses.

Si vous me connaissez, vous savez qu'avec moi, c'est no blabla, no bullshit. Alors, c'est parti dans le monde fabuleux des NFT.

Comment s'articule ce livre ?

4 grands chapitres pour :

Comprendre
Acheter
Investir
Créer

Comprendre
Vous découvrirez les grands concepts clés : Blockchains, cryptos, NFT...

Sans y passer des heures, ni être purement technique. Les développeurs qui cherchent de l'information sur le sujet savent déjà où la trouver et surtout ils s'y connaissent depuis des années et ont une sacrée longueur d'avance sur nous.

On s'intéressera au pourquoi des NFT.

Ce que sont les NFT artistiques et les utility NFT. (Les NFT utilitaires) Quelles problématiques ils viennent résoudre.

Pourquoi ce ne sera pas une bulle et pourquoi il y aura des bulles. Comment le marché s'autorégulera.

Acheter

Pourquoi et comment acheter des NFT, investir ou spéculer. Vous pourrez créer un wallet pas à pas.

Nous ferons un petit panorama des plateformes où vous offrir de l'art numérique.

Investir

Est-ce le moment pour vous de vous lancer dans l'investissement ou la spéculation ? Sur quel type de projets miser. Y a-t-il encore des gros coups à faire ? Comment récupérer son argent et quelle fiscalité appliquer.

Créer

Et si vous êtes un artiste, je vous expliquerai comment mettre en ligne vos œuvres et les transformer en NFT. Quelles stratégies de vente adopter, comment définir votre prix...

Des exemples, des anecdotes, un ton relevé... de quoi faire passer tous les livres techniques pour ringards. Alors ? Prêts à embarquer ?

COMPRENDRE

COMPRENDRE

La théorie, ça peut être rébarbatif. Sauf quand on s'appelle Félicie le Dragon. Ici, on pose les fondations. Alors, ok, c'est comme les parpaings dans une maison. Ce n'est pas glamour, mais c'est essentiel. Sans fondations, pas de murs à monter et pas de papier-peint à maroufler !

On commence par le début et on progresse à son rythme.

Un NFT c'est quoi ?

Comprendre les NFT, c'est comme dérouler une pelote de laine. Les connaissances amènent à un nouveau questionnement encore plus passionnant et de fil en aiguille on passe des heures, des jours, des nuits et des mois sur le sujet.

A chaque stade, nous sommes confrontés à un jargon spécifique. Rassurez-vous, seul le jargon peut sembler énigmatique. Vous verrez que tout existe déjà dans notre quotidien et qu'il suffit de connecter les notions. Ensuite, tout vous semblera beaucoup plus clair si bien que vous pourrez tout expliquer à vos proches.

NFT : non fungible token

Un token, littéralement c'est un « jeton ». C'est un actif numérique enregistré sur une blockchain. C'est un contrat qui peut prendre différentes formes.

La fongibilité : c'est la nature d'un produit ou d'un service qui est indifférencié de ceux de sa catégorie. Ils sont interchangeables. Deux pièces de 1€ sont fongibles. L'une ou l'autre c'est pareil et la valeur est identique.

Un jeton non fongible : c'est un certificat qui authentifie un actif numérique unique et le garantit par le protocole d'une blockchain.

Le savoir est une chose, le comprendre en est une autre.

Revenons un instant sur ces différentes notions.

Qu'est-ce qu'un actif numérique ?

C'est un bien immatériel incluant un droit de propriété. Un actif numérique a nécessairement une valeur financière, déterminée par l'offre et la demande. On sait qui l'a émis, qui le reçoit et quelle est sa valeur au moment de l'échange.

Un bien immatériel, est une valeur inscrite numériquement qui n'a pas d'incarnation matérielle.

Par exemple, on peut dire que votre salaire est un actif numérique (en dehors de toute considération juridique). C'est un chiffre inscrit dans un fichier de données de votre banque qui a été émis et validé par votre employeur à une date donnée.

Par convention, entre vous et votre employeur, vous vous êtes mis d'accord pour que votre présence (ou efficience) à votre poste de travail vous rapporte un certain nombre d'actifs numériques. Des tokens, des euros.

Oui, mais à la banque, je peux retirer des euros et aller m'acheter un paquet de clopes (un thé matcha, un paquet de Haribo bio…)

Et de la même manière vous pouvez aussi convertir vos tokens en euros, en dollars et vous acheter tout ce que vous voulez à l'épicerie du coin.

- Mais alors quelle est la vraie différence ?

- La décentralisation !

La valeur de votre actif numérique (salaire) est décidée entre vous et votre employeur.

La valeur de l'actif numérique euro, celui qui vous permet d'acheter tout et n'importe quoi avec votre carte bancaire, est décidé entre la Banque Centrale et les Etats de l'UE. Ce qui lui garantit une certaine stabilité nécessaire pour que notre économie capitalistique ne s'effondre pas.

La valeur et l'existence des tokens est validée par tous les utilisateurs de la blockchain. Il n'y a pas un tiers de confiance (l'entreprise, la banque, la BCE...) mais autant de tiers de confiance que de serveurs connectés à la blockchain.

Si demain les banques vivaient un krach boursier comme en 2008 aux USA, votre argent disparaîtrait avec elles. Car ce n'est déjà qu'un actif numérique et il n'est garanti que par une seule entité : la banque.

La réalité est un peu plus subtile (je vous l'avoue et que les pros de l'univers bancaire me pardonnent par avance les quelques raccourcis que je ne manquerai pas de prendre... promis, si un jour je n'ai rien à faire, j'écrirai sur la crise des subprimes de 2008).

La banque n'est pas qu'un tableau Excel avec des alignements de chiffres qui peuvent disparaître avec une fausse manip.
L'Etat garantit vos liquidités placées en banque à hauteur de 100.000 euros. Pour certains cela semble déjà beaucoup... mais la question ne se focalise pas sur cette somme, mais sur la mécanique.

Si vous avez des encours à la banque de 500.000€ et qu'un krach vous surprend... vous n'en ressortirez qu'avec 100.000€ payés par l'Etat, c'est-à-dire par vos impôts. Et à la condition expresse que l'Etat se voit prêter ces sommes par d'autres états.

C'est d'ailleurs une des causes des mécanismes des faillites des banques, quand les clients veulent récupérer leur argent en cash et que face à cette demande de transferts, les établissements bancaires qui garantissent leurs fonds paniquent à leur tour. C'est un joli jeu de dominos qui s'effondrent... car vous n'imaginiez pas que dans les sous-sols des banques il y a des petites cases à votre nom avec des espèces sonnantes et trébuchantes et des lutins qui les déplacent selon vos achats... Non, vos avoirs bancaires ce sont déjà des actifs numériques créés de toutes pièces. Ils existent grâce à la confiance que nous plaçons dans le système bancaire. Un krach n'est qu'une crise de confiance. Celle qu'un jour je ne peux plus récupérer mes fonds auprès de ma banque.

Souvenez-vous, il y a peu, de la crise bancaire qui a secoué la Grèce. Les files interminables de particuliers qui faisaient la queue devant la banque pour retirer leur économies (non garanties par l'Etat) et les banques qui baissaient les rideaux dans l'impossibilité de leur donner des euros.

Lorsque vous demandez un crédit à votre banque, ils créent un actif numérique. Une ligne comptable. Ils jouent au jackpot sur votre capacité à rembourser. L'argent créé est 100% virtuel... Les banques ne vivent que sur la promesse d'être payées.

Morale de l'histoire : Les actifs numériques font déjà partie de notre quotidien. Même si nous n'en avons pas réellement conscience.

- Alors... On peut dire qu'il n'y a pas de différence entre un token ou une crypto (Bitcoin, Ether...) et notre monnaie ?

- Pas tout à fait. La différence, est que ce n'est plus une seule entité qui garantit la valeur du token mais toutes les personnes qui participent à la blockchain.

Comme si tous les salariés d'une entreprise garantissaient la valeur de l'unité de votre salaire.

- Mais c'est plus risqué car aucune autorité ne garantit réellement la valeur des cryptos ?

- Oui et non.

Nous reviendrons sur ce sujet car la mécanique même de la blockchain garantit son intégrité. Quant aux fluctuations des cours qui ont beaucoup fait parler et qui affolent les petits investisseurs, elles ne sont ni plus ni moins que l'expression de l'offre et de la demande.

Le token Euro

Souvenez-vous. Quand l'euro est arrivé, c'était un nouveau token. Sa parité (sa valeur) a été calquée sur celle du dollar (qui en son temps a elle aussi été calquée sur la valeur de l'or). Mais tous les pays européens avaient une valeur propre qui variait de jour en jour en fonction de la balance commerciale : l'offre et la demande de devises pour réaliser des opérations commerciales et bancaires.

Vous voyez, on n'a rien inventé... si ce n'est la décentralisation des opérations (une révolution) Et ces opérations sont identiques à ce que nous connaissons depuis des décennies.

Ce que vous devez retenir : un token c'est un jeton qui a une certaine valeur qui est validée par toute une communauté.

Son cours varie comme les monnaies. En fonction de l'offre et la demande. Cette notion est essentielle.

Et la notion de fongibilité ? Qu'est-ce que cela veut dire ?

A la boulangerie, quand vous faites l'appoint, que vous donniez une pièce de 1€ ou une autre. C'est pareil.

Les pièces de 1€ ont toutes la même valeur faciale, elles sont interchangeables, fongibles. Et vous pouvez même jouer les fous et la remplacer par deux pièces de 50 centimes ou 100 de 1 centime. La boulangère fera la tête, mais vous aurez votre croissant !

Un jeton fongible est un actif numérique qui peut être échangé pour une valeur équivalente. Ce sont les Bitcoins, les Ethers, les Tezos, les Dots... Ils sont tous rattachés à une blockchain dédiée, comme le deutschemark l'a été à l'Allemagne, les pesetas à l'Espagne et les florins aux Pays-Bas.

Et un jeton non fongible ?

C'est un jeton unique. Un actif numérique qui a une identique unique. Ils ne sont pas interchangeables : ils sont non-fongibles.

C'est pour cela que le monde de l'art numérique s'est emparé des NFT. Essayez de monnayer un Picasso contre un de vos dessins réalisés sous emprise de l'alcool... et vous comprendrez la notion d'unicité.

Nous pouvons échanger entre nous des billets (mauves de préférence) mais pas des œuvres, car elles sont uniques.

Comment peut-on garantir que ce jeton est unique ?

Parce qu'il est inscrit dans la blockchain et que personne ne peut revenir sur cet enregistrement. C'est la nature même de la blockchain.

Qu’est-ce qu’une blockchain ?

On peut parler de la blockchain (la technologie) et des blockchains (Bitcoin, Ethéreum, ...)

La blockchain, c’est le mécanisme décentralisé de validation des transactions.

Les blockchains Bitcoin (la plus connue), Ethéreum, Tezos (créée par des Français...) ont chacune leur protocole de fonctionnement. Elles abritent des projets qui les utilisent pour valider leurs transactions. Et c’est ce qui fait la valeur de leur crypto. L’offre et la demande.

un bloc = des millions de transactions cryptographiees

Un bloc est une série de validations d’opérations numériques. Un bloc est clôturé après une certaine durée (indépendamment du nombre d’opérations)

Le bloc suivant contient des informations relatives au bloc

précédent. Ce qui rend la modification des informations quasi impossible car il faudrait détricoter (décrypter) toutes les informations de tous les blocs suivants pour remonter à une seule transaction.

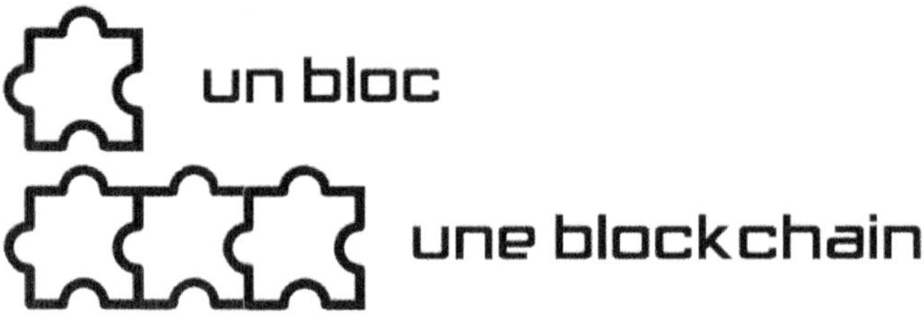

Tous les jours des blockchains se créent. Certaines s'adossent à la blockchain Ethereum ou Polkadot qui ont été conçues pour que les développeurs puissent intégrer toute ou partie de leur solution.

D'autres sont totalement indépendantes : Polkadot.

C'est comme si chaque jour, de nouveaux pays se créaient, chacun avec sa propre monnaie indexée sur les tokens principaux que sont les bitcoins et les éthers (il faut pouvoir échanger ses devises à un moment donné sinon l'écosystème ne fonctionne qu'en vase clos)

Vous pouvez même créer votre propre coin (token)... J'en ai un, à mon nom ! Et vous pouvez en acheter ! [3] Sa valeur est indexée sur ma notoriété sur le site Bitclout. Ne vous emballez pas, je suis petite joueuse face à certains. Mon coin vaut 40$ alors que certains avoisinent les 3000$.

Avant d'en arriver à créer votre propre coin, il faut comprendre la mécanique d'une blockchain et comment sont créées les cryptomonnaies et leur valeur.

Comment fonctionne une blockchain ?

Une blockchain est ni plus ni moins que l'enregistrement de transactions qui sont validées par l'ensemble des serveurs connectés à cette blockchain.

Chaque transaction va subir ce que l'on appelle un hachage (une cryptographie)

Ses informations : émetteur, récepteur, montant, date et heure vont être transformées en un code de 36 caractères (lettres et chiffres).

Ces transactions vont former des blocs. Qui à leur tour vont subir un hachage, une nouvelle cryptographie. Un nouveau bloc créé, aura pour information primaire, le cryptographe du bloc précédent.

Donc, plus on aura de transactions et plus le niveau de hachage sera important et plus il sera difficile de le falsifier car il faut dénouer toutes les transactions sur tous les serveurs pour un seul bloc.

Vous êtes perdus ? Je le sens bien.

Je vous explique avec un petit schéma.

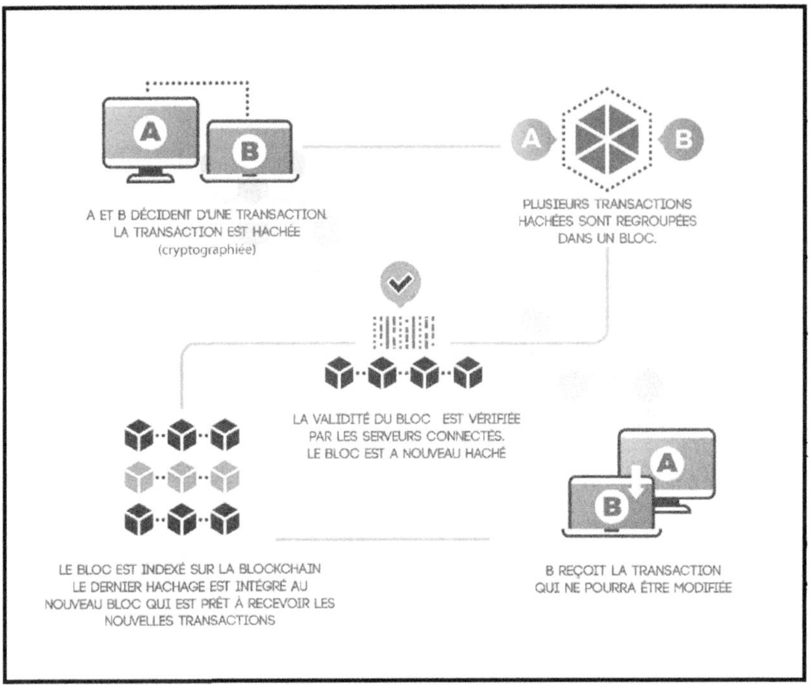

Et si un hackeur veut venir y mettre son nez ? Il peut. Non seulement il devra décrypter le hachage du bloc, mais aussi le hachage de chaque transaction qui compose le bloc et annuler les transactions sur chaque serveur connecté à la blockchain. Il y en a qui ont essayé... ils ont eu des problèmes.[4]

Dans la blockchain, contrairement à Cain (le frère d'Abel dans la Bible), je suis le gardien de mon frère.[5]

Ceci ouvre de très nombreuses perspectives pour l'économie de demain car une seule entité ne garantit plus la sécurité d'une transaction, mais tous les acteurs connectés à cette entité.

- Ok, mais quel lien avec les NFT ?

- Nous y venons.

Les NFT sont des contrats enregistrés sur la blockchain et qui sont achetés grâce aux cryptos qui sont générées par les blockchains.

Qu'est-ce qu'une cryptomonnaie ?

D'un point de vue purement sémantique, je ne suis pas tout à fait d'accord avec le terme de monnaie... Introduire la notion de monnaie prête à confusion dans notre système monétaire actuel.

Je lui préfère le terme de contrat. Car la crypto n'est ni plus ni moins que l'historique d'une transaction. La crypto (la devise) est la transaction. Ok, c'est un peu conceptuel, je vous l'accorde.

Comment nait un bitcoin ?

Un bitcoin est une récompense accordée à une personne dont l'ordinateur / le serveur a créé le cryptogramme d'une transaction.

C'est comme les bons points qui sont accordés en classe pour les élèves qui donnent les bonnes réponses. Dès qu'un serveur a réussi à cryptographier (hacher) les informations de la transaction, il reçoit une récompense qui elle-même est inscrite dans la blockchain. Ainsi on sait identifier quel est le serveur qui a validé une transaction. Une fois que ce serveur a cryptographié, les autres serveurs enregistrent à leur tour le résultat et personne ne peut le contester.

Imaginez qu'au lieu de distribuer un bon point, la maîtresse ait distribué un bitcoin à chaque : « Marignan 1515 », Agnan serait aujourd'hui le roi du pétrole ! [6]
A chaque création de bloc, la blockchain récompense le possesseur de l'ordinateur qui a réussi le premier le calcul du cryptage de l'opération.

Les autres serveurs valident alors le résultat du cryptage. C'est en cela qu'il s'agit d'une décentralisation.

Tous les serveurs valident la transaction.
Un seul reçoit la récompense (la crypto) pour avoir été le premier à cryptographier.

La blockchain répertorie et enregistre une liste complète des transactions qui ont été effectuées entre tous les utilisateurs. Lorsque les transactions ont fini de remplir un bloc, la blockchain en crée un nouveau.

Pour les blockchain Bitcoin et Ethéréum, on parle de POW (proof of work) Le serveur valide la transaction en prouvant qu'il a bien effectué la cryptographie.

D'autres protocoles se basent désormais sur la POS (proof of stack) Chaque fois qu'un serveur valide une transaction, il engage la totalité de ses cryptos. Si la transaction est frauduleuse, il perd tout ! L'avantage de cette solution est qu'elle est moins gourmande en énergie.

Comment est définie la valeur d'un Bitcoin ?

Le Bitcoin (BTC) est une gratification destinée à compenser le matériel (les serveurs) et l'énergie (électricité) qui ont été dépensés pour le hachage (la cryptographie) de la transaction.

Ce qui fait la valeur d'un Bitcoin c'est son numerus clausus. La blockchain du Bitcoin est limitée à 21 millions d'unités.
Les BTC sont générés pour chaque bloc créé. Et ils ne se basent pas sur le nombre de transactions, mais sur une limite de temps.

Les quatre premières années, 50 BTC ont été générés toutes les 10 minutes. Ce qui signifie que 50 blocs ont été créés toutes les 10 minutes. Indépendamment du nombre de transactions. A partir de 2012 et jusqu'à 2016, 25 BTC étaient créés toutes les 10 minutes. De 2016 à 2020, 12,5 BTC toutes les 10 minutes... jusqu'à atteindre les 21 millions (avec une prévision en 2140)

Cela implique deux choses :

- Les blocs sont de plus en plus longs car ils sont composés de plus en plus de transactions. La démocratisation des Bitcoins et des opérations fait qu'il y a un nombre exponentiel de transactions pour un moment donné.
- Leur cryptogramme est de plus en plus compliqué et de plus en plus difficile à hacker.

Plus on va aller loin dans le temps et plus les bitcoins prendront de la valeur car ils représentent une capacité de calcul de plus en plus importante.

Vous comprenez alors pourquoi certaines entreprises (des fermes de minage) se sont créées avec des processeurs à perte de vue dont la seule mission est de valider un maximum de transactions, pour obtenir un maximum de bitcoins.

Si vous êtes un geek, je ne vous apprends rien, vous avez peut-être dans votre garage quelques savants montages en série vous permettant de miner... C'est à la portée de chacun. Pour un équipement de 10.000€ environs vous pouvez générer mensuellement 750€ en BTC (une fois la facture d'électricité déduite)

Souvenez-vous de l'objectif de ce livre : Être suffisamment didactique pour que vous puissiez expliquer à votre père ou votre boss comment fonctionne l'écosystème des cryptos et des NFT.

Aujourd'hui, il y a de grandes chances que votre père pense (encore) que vous êtes en train de vous faire avoir en investissant dans des Bitcoins, en oubliant un peu vite qu'il avait cassé votre PEL et son assurance-vie pour acheter des actions Eurotunnel[7].

Les mineurs sont donc les premiers à posséder des bitcoins et ils les échangent contre d'autres services. Ce qui crée l'offre et la demande et la valeur du BTC.

Plus il sera demandé et plus on verra des plafonds exploser. Certains prédisent une valeur unitaire de plus de 100.000€ avant la fin de l'année. La démocratisation et l'engouement du grand public, n'y seront pas étrangers.

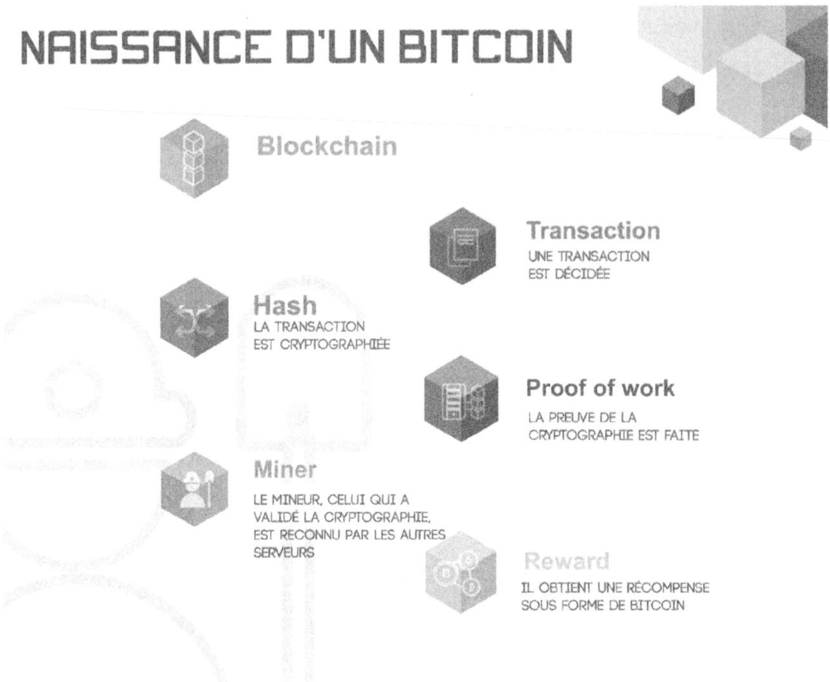

Et là... j'attends avec impatience votre remarque : Oui mais, à quel moment les BTC sont-ils transformés en $ ou en € ?

Simplement parce qu'ils servent à financer des projets qui eux peuvent s'échanger dans des transactions sans avoir à recourir à une monnaie courante. Pour accéder à ces projets, je convertis mes euros ou mes dollars en cryptos. C'est à ce moment que sont injectés les monnaies fiat (une monnaie fiduciaire garantie par un état)

Par exemple, si je ne vends mes livres qu'en BTC, vous allez transformer vos euros en BTC pour pouvoir les acheter. Plus il y aura de personnes qui souhaiteront les acquérir et plus la demande en BTC sera forte.

Et plus la demande est forte et plus le BTC vaudra cher et sera recherché comme monnaie d'échange ou de spéculation.

Plus il y a de BTC en circulation et moins ils seront recherchés et moins ils vaudront cher. Quand tout le monde vend ses BTC, c'est la dégringolade du cours.

En trois lignes, nous venons de réinventer le capitalisme. Maintenir la demande pour maintenir la valeur.

Maintenant que vous savez comment naissent et comment s'utilisent les cryptos, vous allez pouvoir les claquer dans des NFT ! Et surtout vous en savez plus que 93% de la population française !

Quelles sont les principales cryptomonnaies ?

Le Bitcoin est la plus connue. Créée en 2008. Elle est la référence des cryptos. On ignore (encore) qui l'a créée. [8]

L'Ether (basé sur la chaine Ethereum) arrive dans sa foulée. Si l'ETH n'est pas directement indexé sur le Bitcoin, on peut observer une similarité entre les cours des deux cryptos. Simplement parce que les porteurs soldent souvent leurs positions sur les deux blockchains simultanément.

Tout comme les actions qui ont un code de trois ou quatre lettres les identifiant sur les plateformes de trading, les cryptos ont un petit nom qui vous sera bientôt aussi familier que € ou $.

Les altcoins

En complément des principales cryptos, il existe des milliers de altcoins (alternatives coins) les principales sont :

- **Cardano (ADA)** : Altcoin axé sur une technologie innovante et qui est pressenti pour concurrencer les BTC et ETH
- **Polkadot (DOT)** : Une blockchain novatrice de plus en plus prisée par les développeurs de Dapps (applications décentralisées)
- **Tezos (TEZ)** : Cette blockchain est en plein développement et surtout en open source.
- **Ripple (XRP)** : Il n'est pas adossé à une blockchain, mais une base de données.
- **Litecoin (LTC)** : A ce jour l'une plus grosses capitalisations crypto au monde
- **Uniswap (UNI)** : Un Altcoin en pleine croissance

- **Binance Coin (BNB)** : Crypto liée à l'exchange Binance (A ce jour source de nombreuses controverses et interdit dans plusieurs pays...)
- **THETA (THETA)** : Crypto monnaie à croissance exceptionnelle, propulsée par les NFT

Je pourrais également vous citer les RARE, tokens de Rarible, une des plateformes principales de NFT, les Daï, et les Caps... Il en sort quasiment une par jour. Ces « monnaies » sont en fait des parts de valeurs d'une entreprise ou d'un projet plus ou moins prometteur.

Ce qui fait leur valeur est la demande, qui est basée sur la crédibilité et la valeur de ces projets. Comme la valeur des devises indexées sur la « valeur commerciale » des pays.

Les tokens ont leur valeur propre et sont adossés à des blockchains et des cryptos spécifiques. Avant de pouvoir acheter les tokens, vous devez convertir vos euros en crypto et ensuite convertir en tokens. C'est le cas si vous voulez acheter certains NFT sur les plateformes comme Socios (spécialisées dans les NFT sportifs)

Les stable Coins

Ce sont des cryptomonnaies stables qui sont corrélées au cours du dollar. Quand votre crypto vous rend euphorique parce qu'elle prend 20% dans la journée et que le lendemain c'est la grande dépression parce qu'il en a perdu 60.... Il est naturel que vous paniquiez.

C'est à cela que servent les stable coins. A rester dans l'écosystème des cryptos sans prendre de plein fouet les spéculations à la hausse ou à la baisse.

Si vous changez vos BTC contre un stablecoin qui vaut 1000$. Que le BTC monte ou baisse, vous aurez toujours votre équivalent à 1000$. Vous pourrez les convertir à nouveau en BTC quand vous aurez envie ou les retirer en euros.

Pourquoi est-ce intéressant alors que vous pourriez directement convertir vos BTC en euros et patienter avant de spéculer à nouveau ?

Pour éviter de payer des taxes pardi !

Il faut savoir qu'en France, la flat tax ne s'applique pas si vos liquidités restent dans l'écosystème des cryptos.

En revanche dès que vous swapez (convertissez) des tokens ou des cryptos en euros, vous serez taxé de 30% minimum sur vos plus-values.

L'Etat en retard sur la démocratisation des cryptomonnaies, est bien en avance sur leur fiscalisation ! (On en reparle dans le chapitre fiscalité)

En convertissant vos BTC en stablecoins, vous restez dans l'écosystème des cryptos et n'avez pas à vous acquitter de la flat tax sur vos plus-values. Pratique non ?

L'autre avantage est que vous pouvez convertir pour une période où vous ne pourrez pas avoir un œil permanent sur l'évolution de votre wallet (portefeuille de cryptos) Par exemple si vous partez dans un treck en pleine montage ou (et ça vous n'y aviez pas pensé) tout simplement la nuit. Contrairement à la bourse qui s'arrête à heure fixe, le marché des cryptos c'est 24/7. Aucun répit.

Les shitcoins

Leur nom devrait vous alerter sur la pertinence de ces actifs numériques... Il faut connaître et comprendre leur mécanisme pour éviter de se faire avoir comme un bleu.

Les shitcoins sont majoritairement des blockchains sans réel projet. Souvent mises en avant par les influenceurs sur les réseaux sociaux pour faire des « coups ». Leur valeur peut grimper aussi vite que dégringoler... et aucune plateforme n'acceptera de convertir vos millions de shitcoins en euros. Vous serez millionnaires comme au Monopoly.

Citons le Dogecoin. Créé en 2013 (oui, déjà...) pour se moquer de la montée en popularité des bitcoins et qui sert de pourboire (tips) plus que pour régler de réelles transaction. Sa capitalisation est actuellement de 22 milliards de dollars... et elle a atteint les 50 milliards quand Elon Musk s'est fendu d'un tweet disant que c'était son coin préféré.

Alors pour le fun, vous pouvez acheter des shitcoin (vous leur trouverez toujours une utilité) mais pour investir, mieux vaut s'en écarter. Misez uniquement l'argent que vous êtes prêts à perdre. Sur un malentendu vous pourriez faire un x 100.

Cela étant dit, le marché étant si volatile, le Dogecoin pourrait devenir collector et gagner une réelle valorisation capitalistique un jour (il y a plus de 120 milliards de Dogecoins en circulation, ne vous attendez pas à des miracles.)

Alors, si vous en avez, gardez-les. Cela pourrait faire comme les cartes Pokémon !

Cours du Doge sur une année. Après l'emballement, la chute lente et certaine.

En résumé

Si l'on fait un rapide point. Vous savez dédormais que l'écosystème Blockchain / Crypto / NFT repose sur une décentralisation totale des transactions.

Que la blockchain est une technologie qui enregistre, crypte et rend infalsifiable (à ce jour) ces transactions.

Que les bitcoins sont une valeur numérique qui récompense le calcul et la vérification des transactions.

Que leur nombre est limité à 21 millions, ce qui fait varier leur cours selon la loi immuable de l'offre et de la demande.

Que les cryptos les plus courantes sont les Bitcoins (BTC) et les Ethers (ETH). Mais qu'il faudra compter avec les Tezos et les Dots et que la valeur de la crypto est aussi associée à la valeur du projet économique.

Et que votre beau-frère qui frime parce qu'il est millionnaire en Dogecoin est soit un visionnaire soit un parfait client pour le vendeur d'aspirateur suck3000 vendu sur TikTok.

Sans être un expert, vous en savez déjà plus que 93% de la population. Mais nous ne nous arrêtons pas en si bon chemin ! Vous pouvez faire mieux !

Le monde fabuleux des NFT

Si j'ai passé un peu de temps à vous expliquer comment fonctionnent les cryptos... C'est parce que vous pourrez vous acheter des NFT ou en vendre par le biais d'une blockchain et avec des cryptos.

Vous pouvez toujours démarrer une voiture, c'est quand même mieux quand vous savez comment fonctionnent l'accélérateur et le frein... Parce qu'en plus de la démarrer, vous pourrez avancer !

Aujourd'hui des exchanges proposent d'acheter des NFT directement via votre CB. En réalité, ils créent un wallet (portefeuille en cryptos) et font la conversion de vos euros en crypto. C'est pratique, mais vous n'avez pas la main sur votre wallet.

Comme nous l'avons vu au début de ce livre, les NFT sont des actifs numériques uniques inscrits dans une blockchain.

C'est leur caractère non fongible (donc unique) qui a permis au monde de l'art numérique de s'approprier cet écosystème. Nous verrons que ce n'est pas la seule utilité des NFT et que leur potentiel dans l'économie réelle est exponentiel.

Les NFT ont permis à l'art numérique d'avoir une traçabilité et surtout une authenticité reconnue.

Imaginons que vous ayez créé un gif (une série d'images animées) et que vous la publiez sur le net. C'est drôle, c'est fun, c'est copié, partagé des milliers de fois... et personne ne sait que vous en êtes l'auteur. Pire, vous ne pouvez pas le prouver, ni le monétiser.

Pourquoi un tel engouement ?

Voici Nyan Cat, le petit chat qui a affolé la toile et a mis en lumière le phénomène des NFT pour le grand public.

Il m'a fallu 20 secondes pour trouver cette image sur le net, l'enregistrer sur mon ordinateur et la coller dans ce livre.

Est-ce que cela fait de moi son propriétaire ? Non.

En avril 2021, ce petit chat a été acheté sur le site Foundation pour 500.000 dollars (300 ETH au moment de l'achat) Oui, le prix d'un petit trois pièces à Paris ou une villa en Provence. Pour un chaton mignon qui traverse l'univers sur un arc-en-ciel, cela a de quoi laisser rêveur.

A titre personnel, j'aurais acheté l'appart à Paris. Mais je peux comprendre la mécanique de l'engouement. Nyan Cat est connu par le monde entier. Créé en 2011, il est devenu viral quand il a été repris sur une petite musique aussi hypnotique qu'agaçante[9].

Mais qu'est-ce qui fait la valeur de cette œuvre ? L'offre et la demande avant tout. Être le propriétaire du chat le plus connu et le mignon de l'univers (après le vôtre bien évidemment) cela a de quoi attiser les convoitises. Est-ce que cela justifie ce prix ? Je vous accorde que la valorisation est très subjective tout comme celle des œuvres les plus inestimables.

La folie des NFT artistiques

Aujourd'hui les NFT sont indissociables de l'art à qui ils offrent de nouvelles perspectives.

Si vous allez au Louvre, pour voir la Joconde, vous devrez faire la queue pendant des heures pour entrer dans le musée. Ensuite, il vous faudra vous frayer un chemin entre une horde de touristes pour accéder au tableau. Qu'est-ce qui pousse les gens à venir admirer la Joconde ? En un clic, ils peuvent l'avoir en fond d'écran ou acheter un poster en ligne qui sera directement livré chez eux. Quelle est leur motivation à s'approcher de l'œuvre ?

C'est l'original. C'est le tableau sur lequel Léonardo (pas celui qui aime les pizzas, l'autre) a passé des heures et des années. C'est le chef-d'œuvre. Pourvoir dire : Je l'ai vu !

Et je ne vous raconte même pas si un jour Mona Lisa était mise en vente si vous pouviez l'acquérir pour l'exposer dans votre salon ! (Une copie de la Joconde a été vendue 2,9 millions d'euros cet été chez Sotheby's.)

Eh bien, pour l'art numérique et les NFT, c'est identique. Vous pouvez enregistrer Nyan Cat sur votre ordinateur. Vous pouvez même l'imprimer ou le faire tourner en boucle sur votre écran. Mais cela n'impressionnera personne, en tous cas pas plus qu'un poster de Mona Lisa, même acheté à la boutique du Louvre.

Afin de bien comprendre la valeur des NFT, il faut tenter une approche de la valeur de l'art. Ou en tous cas, s'y connaître suffisamment pour interpréter certains comportements irrationnels qui font s'envoler les œuvres, au même titre que les Tournesols de Van Gogh.

Vous pourriez rétorquer : « Oui mais Van Gogh, c'est un artiste, un vrai. Il a créé des tableaux incroyables ». Et vous auriez raison. Mais en son temps, Van Gogh était décrié pour ses œuvres et pauvre. Il ne les vendait pas. Au mieux il payait son gite et son couvert avec quelques toiles. Les enfants du Docteur Gachet ont cédé de nombreuses toiles aux musées français à la fin des années 40. Ces toiles aujourd'hui valent des petites fortunes.

Qui sait si demain, Nyan Cat ne sera pas Les Tournesols du 22ème siècle ?

La valeur de l'art n'existe que parce qu'il y a une demande et par sa rareté. (Une notion fondamentale dans les NFT)

Nous reviendrons sur le sujet dans le chapitre qui vous aidera à investir dans des NFT à potentiel.

Quand j'achète un NFT, qu'est-ce que je possède réellement ?

Il y a autant de réponses que d'œuvres et d'artistes. Parce que c'est l'artiste qui décide ce qu'il vous vend.

La réalité est que vous possédez une ligne de code cryptographiée qui identifie le vendeur, vous (l'acheteur), la nature de l'œuvre et sa valeur. Ni plus, ni moins. Vous ne possédez pas encore (à ce stade) le fichier de l'œuvre qui souvent est hébergé sur un autre serveur. Télécharger ce fichier est une transaction off-chain. Comprenez qui n'est pas inscrite dans la blockchain.

Ce qui est intéressant c'est que l'artiste a le choix de donner la forme qu'il veut à son art et qu'il peut choisir comment le partager. Le NFT est en quelque sorte la validation de la transaction dans laquelle sont inscrites certaines informations concernant l'œuvre, mais ce n'est pas l'œuvre.

En vous vendant un NFT, certains artistes vous envoient un lien vers un gif, un jpeg, une courte vidéo, une musique... Certains fichiers sont en HD, certains vous permettent d'être imprimés (droit de copie privée), affichés à votre domicile, affiché dans un lieu public, diffusés, commercialisé sur des accessoires... et même couplés à des œuvres physiques.

L'artiste décide de ce que vous achetez et de ce que vous pouvez en faire. Il vous appartient donc de bien lire la description de l'œuvre pour ne pas être déçu. Le plus important dans l'achat d'un NFT : lire le contrat associé et les conditions générales de vente. Simple, basique... mais pas encore évident pour bon nombre de personnes.

Retenez simplement que :

Le NFT est le contrat d'échange cryptographié enregistré sur la blockchain (on-chain)

Et que l'œuvre associée (quelle que soit sa forme) est accessible off-chain. Elle peut être physique ou numérique. Dans ce cas, elle sera hébergée sur un autre serveur. Et tout l'enjeu sera la pérennité des technologies de création et d'hébergement.

Certaines œuvres sont uniques. L'artiste n'en produira pas de copie. Ce qui augmente la valeur. D'autres existent en 10 exemplaires, 1000 ou 10.000. Cette disponibilité créera la rareté et donc la valeur. Comme pour les cartes Panini ou Pokémon souvent citées en exemple pour illustrer le phénomène des NFT. Même imprimées à des milliers d'exemplaires, certaines ont plus de valeur que d'autres et c'est lié à leur rareté.

Des artistes poussent leur démarche plus loin et utilisent toutes les ressources technologiques. L'artiste PAK a lancé un projet : Lost Poets. L'œuvre évolutive vous questionnera sur garder le NFT que vous avez acheté ou le détruire (le brûler) pour en acquérir un autre plus avancé mais dont vous ignorez tout. L'œuvre n'est plus la finalité, mais la démarche.

Les NFT peuvent être reliés à des œuvres physiques (certaines galeries vendent des tableaux et les NFT associés) et peuvent aussi vous permettre de vivre des expériences. Vous pouvez rencontrer l'artiste ou échanger avec lui... Les NFT peuvent vous permettre un accès aux backstages d'un concert, au vernissage d'une expo, un accès illimité à un lieu... L'artiste est le seul maître à bord et c'est ce qui fait la richesse de ce marché. L'œuvre s'inscrit dans un univers qui a du sens pour l'artiste et pour l'acheteur.

Comment puis-je revendiquer ma possession ?

De la manière la plus simple qui soit, elle est inscrite dans la blockchain et ne peut être contestée. C'est pour cela qu'il est important de conserver un accès à votre wallet physique ou numérique.

Sans cela, l'œuvre disparaît...

Mais disparaître, cela peut faire partie de l'œuvre elle-même. Certains NFT ont été brûlés[10]. Ils étaient destinés à ne durer qu'un temps. On peut se dire alors que l'acquéreur a acheté une expérience artistique unique car elle ne pourra jamais être cédée à qui que ce soit. Resteront le souvenir et l'expérience. (On espère à la postérité...) Un peu comme l'œuvre de Banksy qui s'est auto-détruite après avoir été acquise aux enchères plus d'un million d'euros chez Sotheby's.

On peut considérer que les premiers NFT artistiques datent de 2014, quand Kevin McCoy a eu l'idée d'associer une œuvre numérique à une transaction cryptographiée. Au départ les **Namecoins** (l'ancêtre du NFT) étaient une technologie totalement expérimentale et en open source qui concernait la sécurité des sites et des DNS (les petits

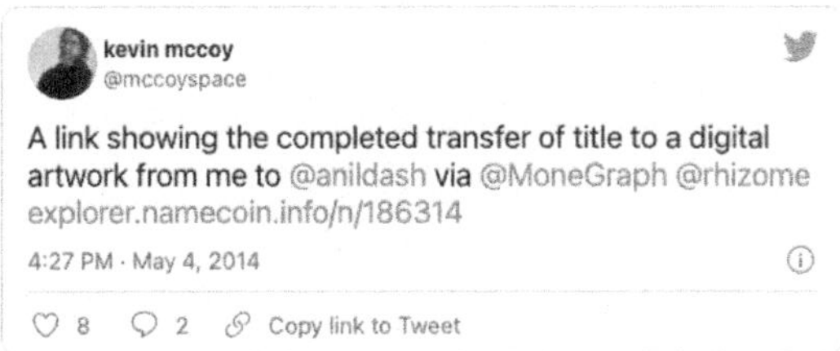

protocoles qui traduisent votre nom de domaine en adresse IP)

Le fait que ce soit en open source a permis l'appropriation et le détournement de la fonction pour créer quelque chose de totalement novateur. L'intelligence collective au service de la (r) évolution numérique.

Si à ce stade les prémices du crypto art sont restés entre les mains de quelques développeurs visionnaires, ce sont les Cryptopunks en 2017 qui toucheront un public encore plus large. Ce sera une des portes d'entrée au grand public sur l'univers blockchain et des NFT. C'est ce qui donne la valeur actuelle des Cryptopunks qui s'arrachent plusieurs centaines de milliers de dollars.

Mais la révolution n'est pas que technologique et ne concerne pas que les développeurs et les geeks. Loin de là. Les NFT ouvrent le débat sur la valeur et la nature de l'art, et surtout offrent de larges perspectives pour les artistes des plus reconnus aux plus underground !

Les NFT, une révolution pour les artistes

Si aujourd'hui, on considère que les NFT sont une sorte d'eldorado où tout le monde se précipite, il est légitime de penser que cela peut disparaître aussi vite que c'est apparu. La presse parle d'une bulle. Et elle a raison, mais elle ne se situe pas là où elle l'imagine. Comme tout marché, il est amené à s'auto-réguler et ne resteront que les artistes avec une réelle démarche artistique.

Il est nécessaire de regarder plus loin que le bout du nez et envisager les modifications profondes que les NFT induisent dans le marché de l'art. Notamment sur la rémunération des artistes.

Lorsque vous achetez un tableau dans une galerie, l'artiste s'en sort rarement gagnant. Comprenez que sa rémunération est très éloignée du prix de vente affiché. (C'est comme écrire un livre, ne pensez pas que l'on fait ça pour la fortune)

Imaginons une œuvre affichée 1200 euros dans une galerie. Il faut compter 20% de TVA, soit 200€ reversés à l'Etat.
La galerie garde donc 1000€ nets.
Elle reversera entre 300 et 400€ à l'artiste.
Le reste étant dévolu à la location de la galerie, les charges salariales, la promotion et la publicité, l'organisation de vernissages... etc. etc...

Sur les 400€, l'artiste reversera des charges sociales à la Maison des Artistes (ou à tout autre organisme selon le régime fiscal choisi) et paiera des impôts.

Si on fait le bilan, dans le meilleur des cas, il revient à l'artiste entre 200 et 250€ net sur un prix de vente en galerie de 1200€.

Lorsque vous achetez une œuvre sous forme de NFT, le montant va dans la poche de l'artiste. Il se passe de la galerie.

Mais il ne faut pas croire que tout est tout rose.

Si le NFT est affiché 1200€, vous aurez à vous acquitter des gas fees qui varient en fonction du montant mais aussi du moment où est réalisée la mise en vente de l'œuvre (le minage ou mint).

Plus il y a de transactions demandées à un instant T, et plus les gas fees sont élevés. Ils peuvent parfois atteindre plusieurs centaines d'euros.

Je vous rassure, avant de lancer la transaction, la plateforme vous avertit du montant des gas fees et vous propose généralement trois options selon la rapidité de validation de l'opération que vous voulez demander.

Des gas fees sont également payés par l'acquéreur au moment de l'achat.

S'il s'agit d'un airdrop (la distribution offerte de token ou de NFT) d'un artiste connu que vous adorez. Vous avez intérêt à cocher l'option rapide si vous voulez en profiter. Parce que ce sera : premiers arrivés, premiers servis. En revanche, s'il s'agit d'un artiste plus confidentiel, parfois cela vaut le coup de patienter quelques heures ou quelques jours.[11]

L'autre avantage et qui change profondément la donne, c'est que lorsque vous avez acheté l'œuvre 1200€ en galerie, vous pouvez la revendre 3000€ le mois suivant. Rien ne reviendra dans la poche de l'artiste. Vous empocherez les 3000€. L'artiste... rien !

Si je suis parfaitement honnête, ce n'est pas tout à fait juste, car il existe un droit de suite. Mais les conditions sont très restrictives, et ne s'appliquent pas à tous les domaines de l'art. (Les œuvres doivent être vendues par une galerie, un certain prix, le nombre de copies doit être limité, la vente doit avoir lieu en France, être assujettie à la TVA... comme toujours en droit français c'est une usine à gaz...) Il existe plus d'œuvres qui ne sont pas concernées par le droit de suite que l'inverse.[12]

Les NFT aussi peuvent se revendre. Mais lors de la première mise en vente (le minage de l'œuvre), l'artiste peut décider d'un pourcentage qu'il touchera sur chaque revente. (Entre 0 et 50%)

Lorsque l'œuvre est vendue une première fois 1200€, l'artiste touche cette somme. Ensuite, lorsqu'elle est revendue 3000€, l'artiste touchera 300€ s'il a opté pour 10% (le pourcentage le plus souvent choisi car un taux trop élevé pourrait décourager les acheteurs. Ils y verraient un frein à la revente et la spéculation.)

Bien évidemment ici nous parlons de montants bruts en cryptos. Si l'artiste veut profiter de ses euros, il faut appliquer la flat tax de 30%. Elle sera calculée sur la différence entre le coût du minage et le fruit de la vente.

L'Etat considère aujourd'hui que les NFT sont des actifs numériques au même titre que des actions. Il vous prendra donc 330€ sur les 1100€ de la vente.[13] (1200€ - 100€ de gas fees par exemple)

Malgré tout, l'artiste est gagnant comparé à la vente dans une galerie... parce qu'il n'aura pas toujours l'occasion de trouver une galerie qui voudra bien l'héberger. Il peut toucher un très large public et surtout percevoir des royalties pour chaque revente. Les NFT ouvrent le marché de l'art aussi bien pour les vendeurs que les acquéreurs.

Attention, je ne minimiserai jamais le travail d'une galerie et ne remettrait pas en question leur rémunération. Ce qui change vraiment la donne, c'est la possibilité pour l'artiste de pouvoir percevoir une somme lors de la revente, même si son œuvre est vendue à l'étranger et si elle n'atteint pas les seuils minimums prévus par la loi pour les droits de suite.

Mais pour pouvoir vendre sans galerie, il appartient à l'artiste de gérer lui-même la vente à travers une plateforme. Et de s'assurer de la promotion de son œuvre. Sans être saturé, le marché s'est très largement ouvert et il est de plus en plus difficile de se faire une renommée sans avoir de communauté déjà créée autour de soi.

Vous pouvez avoir le plus beau NFT de la terre, si personne n'est au courant, cela ne sert à rien. Et c'est aussi le rôle des agents et des galeries de promouvoir leurs artistes.

Les NFT n'excluent pas les galeries. Bien au contraire. Nombreuses sont celles qui proposent les NFT de leurs artistes. Elles ont compris l'intérêt de la technologie et surtout que les NFT peuvent s'inscrire dans une démarche artistique globale.
La Superchief Gallery à New York a ouvert un espace physique dédié aux NFT ce qui permet aux acheteurs de se rassurer et d'échanger avec la galerie autour des œuvres qui valent plusieurs dizaines de milliers d'euros.

Aujourd'hui, en France, il est difficile d'être agent ou galeriste pour les artistes exclusivement numériques. Car la nature juridique des NFT (actif numérique) ne permet pas de vendre pour le compte de tiers sans risquer d'être considéré comme un PSAN (prestataire de service d'actif numérique). Je vous rassure il existe une parade pour les artistes qui ne veulent que créer et ne pas s'occuper de la commercialisation. Mais aujourd'hui on surfe allègrement sur un flou artistique et juridique. Et cette libre interprétation du droit (ou ce manque de textes spécifiques) est un argument qui devrait peser dans la balance pour que le législateur modifie la nature des NFT et clarifie le champ d'application du droit.

Certaines plateformes se présentent comme des galeries online, vous permettant de vendre vos NFT. C'est une excellente idée, et je vous conseillerai de bien vérifier le contrat de prestation et ce qu'il recouvre.

Afin de vous rassurer, vous avez la possibilité de passer par un cabinet juridique spécialisé qui pourra vous éclairer sur le type de contrat qui doit vous lier.[14]

Ce que vous devez retenir :

C'est (enfin) la reconnaissance du crypto-art et des artistes numériques.

Grâce aux NFT, les artistes ont retrouvé une indépendance dans la diffusion de leurs œuvres. A chaque revente, ils touchent des droits. Et ça, c'est vraiment nouveau !

Le marché des NFT artistiques, même s'il est décentralisé, se fera aussi avec les galeries.

Remarquez que ce système de royalties existe déjà dans les clubs de football. Le club formateur perçoit un pourcentage du montant du transfert du joueur. Les NFT n'ont rien inventé, ils mettent en lumière une rémunération un peu plus transparente et un peu plus juste pour l'artiste.

Les NFT par et pour les artistes

Avant que je ne vous présente les NFT comme la nouvelle norme des relations contractuelles, restons encore quelques instant dans le monde de l'art.

Si je me suis autant intéressée aux NFT, c'est parce que plusieurs artistes gravitent dans mon environnement proche. Immédiatement j'y ai vu un intérêt économique mais surtout une opportunité incroyable de diffuser leur travail. Car, comme tous les artistes, il n'est pas toujours facile se faire connaître et d'être reconnu... ne parlons même pas d'en vivre.

Si le terme de NFT circule de plus en plus, y compris dans la presse généraliste, rares sont les artistes français qui en ont compris leur fonctionnement. Comme le grand public, ils ont entendu parler de la vente record de Beeple et pour la plupart d'entre eux, cela ne semble même pas les concerner de près ou de loin...

La communauté anglo-saxonne des artistes NFT est très active sur les réseaux. Emmenée par quelques influenceurs et artistes qui exploitent ce nouveau filon. On peut penser que cette différence d'approche tient au droit d'auteur qui est beaucoup plus protecteur en France que dans le monde anglo-saxon. Ils ont moins de complexes et tentent de nouvelles expériences, même si on ne sait pas toujours où elles mèneront.

Il suffit de regarder Discord, ClubHouse ou Bitclout. De Los Angeles à Sidney en passant par Londres, toute la communauté artistique parle de NFT. Et ne vous inquiétez pas, l'Afrique et l'Asie ne sont pas en reste. Les Coréens, les Japonais, les Sénégalais et les Nigérians, sont eux aussi très actifs. L'art explose partout, abolit toutes les frontières et permet aux plus talentueux d'entre eux d'avoir une large exposition en quelques jours alors que dans le parcours traditionnel, cela aurait pris des années. Ou pire, cela ne serait jamais arrivé.

La France, peu à l'aise avec les langues étrangères, se réveille timidement. La communauté artistique francophone commence à s'organiser, emmenée par quelques passionnés et surtout par des collectionneurs.

L'immatérialité des NFT, le jargon, l'usage des cryptos, intéresse, intrigue... mais il faut quelques artistes geeks ou couillus (pour ne pas dire inconscients) pour se lancer et montrer la voie.

J'avoue que ce livre est là aussi (et peut-être surtout) pour convaincre mes amis de franchir le cap. J'ai passé beaucoup de temps à discuter avec eux pour leur présenter les avantages de cette nouvelle forme de commercialisation. Mais je ne devais pas être suffisamment convaincante. Je sais qu'en France on a besoin de la preuve sociale. On se fiche de faire partie des early adopters, on regarde les choses de loin... on laisse les autres avancer (même si on est doués dans le domaine) et puis un jour on se réveille et il est trop tard. Au hasard, je pense au Minitel et à Alcatel... Nous étions pionniers sur la technologie et notre immobilisme encouragé par des oiseaux de mauvais augure a permis à d'autres de prendre le marché.

Si demain, quelques artistes grand public se lançaient dans les NFT, il y aurait un coup de projecteur salutaire. Mais être convaincu et passer à l'action demande de démystifier totalement l'approche des NFT artistiques. Il est nécessaire aussi que le législateur se penche sur la question et reconnaisse la nature artistique de ces œuvres et les décorrèle des actifs numériques qui sont assujettis à une autre fiscalité.

Alors, chers amis, la révolution artistique francophone se fera avec vous. Osez vous lancer (oui, ceci peut être considéré comme un plaidoyer)

PS : Le rappeur Booba a lancé son nouveau disque sous forme de NFT. Démarche très inspirante et très intelligente quand on regarde le nombre d'exemplaires qui ont été lancés et les royalties qu'il touche sur chaque échange.

Les NFT ne s'arrêtent pas au monde de l'art !

Si le monde de l'art a exploité la technologie des NFT, ils n'ont pas été créés dans cette optique. Aujourd'hui, de nombreux domaines peuvent se l'approprier. Et c'est en cela que leur potentiel est infini.

Contrairement aux blockchains, les NFT n'ont pas de système complexe à intégrer. Leur création est aussi simple qu'une ligne comptable. Emetteur, récepteur, date et valeur. Des entreprises ont mis au point la possibilité d'intégrer un contrat (smart contract) directement au NFT qui pourra reprendre les conditions du contrat d'échange ou toute information utile. Ces informations seront associées au NFT et donc inscrites dans la blockchain alors que jusqu'à présent ces informations étaient off-chain. C'est une avancée intéressante.

De fait, tous les contrats peuvent devenir des NFT. En tous cas tous les contrats qui ont besoin de justifier d'une origine qui ne peut être contestée.

Par exemple, le monde de la mode et du luxe est précurseur dans l'univers des NFT. Car il est possible de suivre la création d'un sac (par exemple) du sourcing des matières premières à la vente et la revente. C'est une manière de garantir qu'il ne s'agit pas de copie.

C'est applicable à tous les domaines du luxe qui est fortement miné par la contrefaçon. Céder un objet de luxe avec son NFT garantit son origine.

Dans un article pour le Journal du Luxe[15] je disais que, si cette avancée est majeure pour le secteur, elle nous priverait aussi de belles histoires comme celle de cet œuf Fabergé acheté au poids de l'or dans une brocante et qui a été estimé à plusieurs centaines de milliers d'euros.

La traçabilité est, à ce jour, une réelle avancée dans ce domaine et il est à espérer que la technologie nous réservera, elle aussi, de belles histoires.

Quels sont les domaines où les NFT sont fortement déployés ?

Le gaming

Ce monde vous est peut-être totalement inconnu, mais quand votre ado vous demande 20 euros pour acheter des vbucks pour s'offrir un skin dans Fortnite. Sans le savoir il achète déjà des NFT.

Fornite est un jeu en ligne où l'objectif est de dézinguer tous les autres joueurs pour rester le dernier. Les skins, sont des accessoires que vous pouvez acheter pour personnaliser votre tenue et/ou vos armes. Et les vbucks sont la monnaie propre au jeu.

Quand vous jouiez à Candy Crush, Subway Surfer ou aux Sim's vous pouviez aussi acquérir des avantages. Et tout le monde pouvait faire pareil.

Avec les NFT, ce qui va changer, c'est la rareté numérique. Votre avatar pourra avoir un look personnalisé, que vous aurez créé, ou que vous aurez acheté à une marque. Et alors que le nombre de parures était illimité dans les Sim's, là vous pourrez vous acheter une personnalisation vraiment unique.

Sa rareté en fera le prix et permettra une spéculation. Un peu comme certaines paires de baskets qui s'échangent à prix d'or sur le second marché.

Beaucoup de jeux, en permettant la personnalisation des avatars, ont créé une manne financière. Fortnite est un jeu gratuit, mais est rentable par les ventes de skins. Fifa gagne plus d'argent avec les packs que par la vente du jeu en lui-même.

Dans un avenir proche on peut imaginer que votre avatar puisse se promener de jeu en jeu en conservant ses propres attributs. Il pourrait les revendre, les échanger... Cette perspective nous amène naturellement au domaine des Metaverses.

Ca y est, c'est officiel Mark Zuckerberg a annoncé que le nom de la maison mère de Facebook devenait Meta. En référence au projet global de metaverse sur lequel la firme américaine mise son développement.

Les metaverses sont des univers numériques où vos avatars peuvent évoluer comme dans la vraie vie. On peut considérer que les Sim's ont été le premier metaverse. Si ce n'est que les marques n'avaient pas encore pris possession du jeu et que les interactions avec la vie réelles étaient nulles. Demain, les metaverses mettront en avant la réalité augmentée et la réalité virtuelle dans une version 3.0 du net. (Et non ce ne sera pas l'avènement d'une vie 100% virtuelle comme on a pu le lire ces derniers jours)

Les metaverses les plus connus sont : Sandbox, Decentraland OVR, Cryptovoxel...

A titre personnel j'ai beaucoup misé sur OVR où il est possible d'acheter des parcelles (300m² environ) Les OVRlands sont calqués sur Google Maps. Toutes les parcelles sont à vendre et celles qui sont déjà achetées peuvent faire l'objet d'enchères.

Il existe déjà une vraie spéculation. Par exemple les parcelles du Parc des Princes (le stade résident du PSG) ont été achetées une vingtaine de dollars et se revendent plus de 3000 aujourd'hui.

Les parcelles de la Tour Eiffel ont été achetées à par BlackPool (un fond dédié aux NFT) pour l'équivalent de 105.000 $. La valeur n'est pas ce que sont ces parcelles aujourd'hui, mais ce que l'on pourra en faire demain.

Comme les parcelles de Decentraland qui s'arrachent à plus de 100.000$ et où les marques de luxe comme Gucci ont déjà créé des boutiques virtuelles permettant d'acheter des NFT ou des vêtements réels.

Les metaverses sont les futurs points convergents des technologies reliées aux blockchains et aux NFT. Demain vous ne ferez plus vos courses boulevard Haussmann, mais visiterez les grands magasins avec un casque de réalité virtuelle depuis votre salon ou en réalité augmentée avec des produits exclusifs qui ne seront accessibles que dans les metaverses.

Ce jour pourrait venir beaucoup plus vite que vous l'imaginez. Un nouvel Internet totalement immersif où vous pourrez non seulement vous déplacer, mais échanger et discuter avec vos amis qui deviendront des nano-influenceurs pour que vous puissiez dépenser encore plus dans les boutiques que vous visiterez virtuellement.

Lors d'une conférence on m'a posé une question passionnante : Les Metaverses signent-ils la fin de notre

civilisation ?
Je ne pense pas. Car nous sommes des animaux sociaux qui avons besoin de contacts, et pas uniquement à travers les réseaux sociaux. Nous avons besoins de contact physique. Et la pandémie de 2020 nous l'a rappelé.

Les metaverses viendront créer de nouvelles expériences qui s'intégreront dans notre quotidien. Cela engendrera sûrement des inégalités, un fossé numérique encore plus grand. Mais si nous avons été incapables d'imaginer l'ampleur d'internet 25 ans plus tard, comment oser prendre des paris sur l'avenir avec les metaverses ?

Play to earn

L'engouement pour le gaming ne se démentira pas et va fortement progresser avec le play-to-earn.

Auparavant vous deviez payer pour jouer. Désormais vous serez payé pour jouer, et pour le temps d'attention que vous donnez aux marques. Vous serez récompensé par des tokens que vous pourrez dépenser ou garder pour spéculer (stack) Cette rémunération permet de garder les joueurs dans l'écosystème du jeu et surtout de valoriser la capitalisation du jeu à travers ses tokens. Une sorte de livret A des jeux vidéo qui peuvent d'avérer être des leviers de croissance très puissants en engageant la communauté du jeu.

Le gaming et tout ce qui est associé est l'avenir des NFT

grand public. Panem et circences. (Une de mes citations latine préférée : Du pain et des jeux[16])

Les trading card games

Ce secteur est le plus facile à appréhender pour les collectionneurs de NFT. C'est la version numérique des cartes Panini de notre enfance ou des cartes de joueurs de baseball des années 50.

Les clubs éditent des NFT pour leurs fans et y voient une opportunité de développer le merchandising. Vous pouvez vous offrir tout ce qui concerne votre équipe favorite ou votre sportif préféré.

Il est à parier que demain, les tickets des grandes manifestations seront dématérialisés sous forme de NFT et que certains vous permettront de vivre des expériences immersives au plus proche de vos équipes.

Signe des temps : Lionel Messi reçoit une partie de sa rémunération sous forme de fan tokens du PSG.

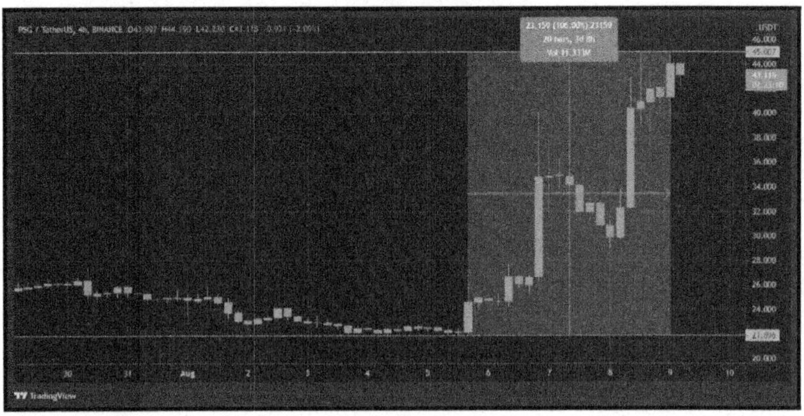

Source Tradingview : progression du fan token du PSG à l'annohce et la signature de Lionel Messi au PSG

L'annonce de sa signature dans le club parisien avait fait grimper la valeur du token de plus de 106%

Les trading card games sont une belle manière de commencer une collection de NFT. L'engouement des fans se dément rarement pour leurs équipes favorites.

Récemment Sorare (entreprise française) a effectué la plus grosse levée de fonds de la French Tech : 680 millions de dollars portant sa valorisation à plus de 4.3 milliards de dollars. Un record pour une entreprise dont le business model repose sur les loisirs et le sport.

Les NFT utiles

Pour beaucoup d'entre-nous l'entrée dans le monde des NFT se fait par l'art. Or il existe des domaines où les NFT vont se déployer et transformer profondément la société.

Voici la partie la plus excitante des NFT. Celle des contrats utiles.

Nous avons déjà évoqué l'univers du luxe et la traçabilité des objets à forte valeur pour éviter toute contrefaçon et les reventes frauduleuses en cas de vol. L'intérêt du NFT apparaît comme un certificat d'authenticité qui ne peut être falsifié.

Au-delà de garantir l'origine des biens manufacturés à forte valeur ajoutée, les NFT peuvent rendre de très nombreux services au quotidien.

Les NFT, super identité ?

L'avènement des NFT va-t-il mettre en place une super identité, un dossier personnel qui nous suivrait toute notre vie ?

Avez-vous seulement essayé de retrouver un de vos diplômes 25 ans plus tard (oui, quand vous postulez dans l'administration, on vous demande ce genre de document, même 25 ans après)

Avez-vous perdu vos papiers à l'étranger et le consul était-il aux abonnés absents ?

Avez-vous entamé des démarches de succession alors que des papiers ont disparu dans un incendie ?

Des situations comme celles-là, vous en avez sûrement vécu. Les difficultés de l'administration à retrouver un document nécessaire, le temps perdu et les cheveux blancs... Ce serait tellement pratique que toutes nos informations administratives soient regroupées à un seul endroit.

Oui mais voilà... quelles sont les informations qui seraient conservées ?

Si nous poussons un peu plus loin la réflexion, nous pouvons légitimement poser la question du droit à l'oubli. Si notre vie entière est traquée (elle l'est déjà mais par des entités séparées et privées qui commencent seulement le croisement des données avec les entités publiques) qu'en sera-t-il du droit à l'oubli ?

Vos mauvaises notes en histoire seront à jamais archivées alors qu'à l'été vous preniez un plaisir certain à jeter vos carnets à la poubelle. Votre recruteur pourra-t-il accéder à vos diplômes ? Votre banquier aura-t-il l'historique de vos achats et crédits ?

C'est là qu'un autre aspect passionnant des blockchains peut intervenir : les smart contracts. Ces « contrats intelligents » peuvent être conditionnés à des données variables. Ils agissent comme des micro-programmes et peuvent déclencher des actions à date donnée, ou en fonction d'une information extérieure.

Par exemple un NFT (un contrat) pourrait s'auto-effacer après un délais de prescription défini. Ou être définitivement archivé dans un dossier que vous seriez le seul à pouvoir consulter. (Adieu les petits incidents bancaires...) A l'enregistrement de votre décès, votre testament pourrait automatiquement être adressé aux personnes concernées... on pourrait même imaginer que vos ordinateurs soient verrouillés, hormis pour une seule personne qui détiendrait un mot de passe. Que tous vos réseaux sociaux soient fermés. Simplement sur une information reçue.

Les applications sont tout aussi nombreuses que celles des NFT. Il s'agit d'une simple automatisation des contrats, mais en soi, cela modifie tout, car le programme est intégré au contrat qui lui-même est enregistré sur une blockchain.

Le nouvel enjeu étant que les législateurs vont avoir un rôle prépondérant à jouer dans le stockage des données et leur accès... et il est à espérer que les lobbies ne les influencent pas dans le mauvais sens (une gestion centralisée et privée permettant l'exploitation d'encore plus de données comme c'est le cas en Chine)

La question de l'identité numérique et des données associée sera également au cœur des débats du droit des NFT.

Les NFT peuvent être une solution de « super identité numérique » afin de faciliter toutes les démarches.

Certes nous avons un code Insee (le numéro de Sécurité Sociale) qui nous suit toute notre vie à partir de la majorité. Mais lorsque vous êtes à l'étranger et que vous avez perdu tous vos papiers, que le Consul ne répond pas malgré son astreinte. Cela vous sortirait d'un mauvais pas de pouvoir justifier facilement et rapidement de votre identité à partir d'un site ou d'une application.

Et ce n'est pas le seul domaine.

L'automobile :

Quand vous achetez une voiture d'occasion, vous ne savez pas quel est son historique. Le nombre de mains par lesquelles elle est passée, les éventuels accidents qui auraient été cachés, et le kilométrage trafiqué.

Les NFT peuvent devenir le passeport des véhicules et retracer tout l'historique de la conception à la revente. Tout pourrait être enregistré et consultable par l'acquéreur ou l'assureur.
Il existe déjà un fichier centralisé des cartes grises qui retrace un historique partiel, mais qui ne tient pas compte des accidents et réparations majeures.

Le NFT serait un passeport infalsifiable pour les véhicules qui ne pourraient être revendus qu'avec lui.

L'immobilier :

De la conception à l'exploitation, il y a tellement d'intervenants dans un projet immobilier. Les responsabilités peuvent être diluées. Imaginons qu'une entreprise de construction dépose le bilan. Un smart contract adossé au NFT permettrait de savoir si la responsabilité de l'indemnisation suit l'entrepreneur qui recrée une entreprise ou est redirigée vers un fonds de garantie.
A chaque instant, il serait possible de suivre l'évolution du chantier, de définir s'il y a des pénalités de retard, des responsabilités dans les malfaçons ou de déclencher les assurances en fonction des différentes phases.

De même pour les acquéreurs, un fichier centralisé avec l'historique du bâtiment serait tellement plus simple à consulter que le carnet d'entretien de la copropriété. Les NFT permettant de déclencher les travaux de mise aux norme, de programmer une désinsectisation, d'enclencher les convocations aux assemblées... et tout ce qui a trait à la vie d'un immeuble.

Les données de santé :

Si l'on parle d'identité numérique pour les NFT, le dossier santé sera concerné.

Il y a 25 ans, une tentative avait été lancée avec un carnet de santé pour tous qui aurait dû être rempli manuellement par votre médecin et qui aurait retracé chaque consultation. Initiative vite abandonnée car elle pouvait porter atteinte au secret médical au lieu d'éviter les dépenses de santé inutiles comme la multiplication des consultations de spécialistes.
Votre carnet de santé numérique serait accessible par les professionnels et vous n'auriez plus à rechercher les résultats d'examens ou les radios que vous avez égarées.

Nous sommes d'accord que si la perspective de centralisation des données est alléchante, elle pose la question de la confidentialité... surtout quand on voit les errances du Gouvernement qui a laissé fuiter des centaines de milliers de données privées de vaccination lors de la pandémie mondiale de Covid.[17]

Ce sera un des enjeux majeurs des blockchains de demain. Même si leur sécurité est garantie, à partir du moment où il y a une intervention humaine et qu'un mot de passe est nécessaire, une faille est possible.

Les actes notariés :

Si vous avez perdu vos actes de propriétés dans un incendie et que le notaire n'a pas gardé trace des dossiers (Obligation uniquement sur 10 ans ou 30 ans selon la nature)

Les opérations bancaires : Ici aussi, les banques peuvent détruire les archives au bout de 10 ans.

Bref, vous voyez que les applications des NFT touchent tous les aspects pratiques de notre vie quotidienne.

Bien évidemment, il est nécessaire que le législateur se penche sur la question (afin de préserver les informations sensibles)

La start up française Ternoa a créé des capsules temporelles renfermant les informations que vous souhaitez et qui pourront être adressées au moment voulu à la personne de votre choix.

Ternoa est une entreprise à suivre car plus que prometteuse.

Je pourrais citer encore mille applications possibles pour les NFT : l'inventaire des musées, les décisions judiciaires, les archives nationales, l'édition littéraire, l'édition musicale, l'information...

A vous d'imaginer comment les NFT peuvent transformer votre domaine d'expertise et qui sait, demain, vous créerez peut-être la prochaine licorne.

Vous comprenez désormais pourquoi cet univers des NFT est tout aussi révolutionnaire que l'arrivée d'internet dans les foyers ?

Nous assistons (et participons) à une révolution profonde de l'organisation de notre société.

ACHETER

En réalité, il n'y a aucune raison que vous achetiez des NFT. Vous devez avoir envie d'acheter des NFT ! Vous devez avoir envie de comprendre comment cela fonctionne, être curieux. Sinon cela n'a aucun intérêt !

5 raisons d'acheter des NFT

- Pour comprendre comment cela fonctionne
- Pour commencer une collection d'art numérique
- Pour vendre vos créations (acheter vous permet de comprendre la mécanique)
- Pour diversifier vos investissements
- Pour le fun

Quelles que soient les raisons de votre achat, assumez-les et définissez une stratégie claire.

5 raisons de ne pas acheter des NFT

- Malgré mes explications, vous n'y comprenez rien.
- Vous êtes à sec.
- Les 0.5% de rendement de votre Livret A sont suffisants.
- L'art numérique ne trouve pas grâce à vos yeux.
- Votre maman vous l'interdit.

Les raisons de ne pas acheter de NFT sont tout aussi valables.

Acheter des NFT est une bonne idée. Tout comme investir en bourse ou dans l'immobilier. C'est un investissement, ce n'est pas une martingale qui vous rendra millionnaire en quelques mois. Même si les blogs sur le sujet vous relatent des histoires fabuleuses, elles occultent tous les NFT qui ne se vendent pas... et tous ceux qui ne prendront jamais de valeur.

Les NFT, ce sont des actifs comme les autres. Comprenez qu'il peut y avoir de bonnes affaires, tout comme de fausses bonnes affaires. Il n'existe pas de méthode scientifique qui permette de présumer de la rentabilité de votre investissement.

Comment acheter des NFT ?

La nature même des NFT suppose que l'achat se fasse avec des cryptos.

La première étape est donc de créer un compte sur un exchange qui vous permettra de convertir vos euros en crypto.

Les principales plateformes sont :

Paymium
Kraken
Binance
Coinbase
Bybit
Kucoin...

Vous devrez fournir votre identité ainsi que vérifier votre adresse. Car ces comptes seront déclarés par ces plateformes à l'administration fiscale. Et vous avez tout intérêt à penser à les déclarer de votre côté (sous peine d'amende)[18]

Une fois votre compte créé, vous pourrez y verser des fonds par virement ou carte bancaire. Les virements sont plus sûrs, car de nombreuses banques bloquent les paiements en CB vers ces exchanges les jugeant peu sûrs.

Dès que les fonds en euros sont reçus, vous pourrez les convertir dans la crypto que vous souhaitez.

Chaque plateforme d'achat de NFT peut utiliser une crypto ou un token qui lui est propre :

CHZ (Socios)

RARI (Rarible)

MANA (Decentraland)

AXS (Axies...)

Si l'application n'utilise QUE des tokens, vous devrez convertir vos euros ou vos cryptos en token. Toutes les exchanges ne proposent pas toutes les cryptos et encore moins tous les tokens.

Vous aurez peut-être à créer plusieurs comptes en fonction des projets dans lesquels vous souhaitez investir. C'est un peu comme si tous les bureaux de change ne proposaient pas des dollars australiens ou des livre sterling.

Notez que certaines plateformes vous simplifient la vie et vous proposent d'acheter des NFT directement via votre CB. La réalité est qu'ils créent pour vous un compte en crypto et s'occupent de la conversion moyennant une commission. Le propre des NFT est d'être inscrit sur une blockchain et les transactions se font de wallet à wallet.

Pour valider votre transaction et recevoir votre NFT, vous devrez passer par un wallet. Un portefeuille sécurisé.

Le plus connu est Metamask car il propose une extension que vous pouvez installer sur Google Chrome. Chaque fois que vous voudrez faire une opération, Metamask s'ouvrira et vous demandera de valider votre achat.

Cette opération est aussi possible via votre cold wallet (un wallet externe) qui enregistrera votre NFT. Les plus connus (qui sont devenu un nom commun aux USA) sont les Ledger (société française)

Vous vous sentez perdu ?

C'est logique.

Mais une fois que votre compte est créé sur votre exchange et que vous avez installé votre wallet. Tout est très simple.
1- Vous faites un virement de votre compte bancaire vers votre exchange.
2- Vous convertissez vos euros en crypto ou en token.

3- Vous validez votre transaction via votre wallet.

4- Vous choisissez votre NFT et l'achetez

5- Vous recevez votre NFT.

Le plus simple est de vous lancer et de voir quelles sont les interactions entre

- Les exchanges

- Les plateformes de vente de NFT

- Votre wallet

Ensuite, vous verrez que c'est aussi simple que d'envoyer un email.

Attention !
Votre wallet n'est pas un coffre-fort.

C'est comme si vous laissiez votre portefeuille sur la plage arrière de votre voiture.

Si vous oubliez de verrouiller les portes, il pourra être subtilisé...

Où stocker ses NFT

Automatiquement les NFT sont enregistrés dans votre wallet qu'il soit online comme Metamask ou dans un cold wallet comme un Ledger.

Je vous rappelle que le NFT est en réalité une métadonnée qui est enregistrée sur la blockchain. Elle contient un lien vers les fichiers qu'elles représentent. Ces fichiers sont hébergés par des tiers comme les plateformes sur lesquelles vous les avez achetés.

Ce qui veut dire que votre image (son, vidéo...) a tout intérêt à être sauvegardée ailleurs que sur votre plateforme préférée, car on ne sait jamais ce qui peut arriver.

En fonction de l'artiste, différents formats de l'œuvre peuvent être acquis.

Si l'artiste vous donne accès à un lien pour télécharger l'œuvre, vous avez tout intérêt à réellement la télécharger. Car le NFT sera une ligne cryptographiée sur la blockchain qui validera la propriété mais ne donnera pas accès à l'œuvre en elle-même. Si le serveur vient à disparaître, l'œuvre disparaîtra. (Ceci est un autre des enjeux des NFT, s'assurer de la pérennité des solutions d'hébergement... mais dans l'euphorie actuelle, cela n'a pas l'air d'inquiéter grand monde)

Le tout premier NFT que j'ai créé (un livre qui s'appelle Vergetures : **www.vergetures.pink**) a été acquis aux enchères et il était téléchargeable en format PDF via un lien. Il existe en un seul exemplaire sous forme de NFT.

Le jour où je décide de supprimer mon site, le lien unique disparaîtra aussi. L'acquéreur a tout intérêt à l'avoir sauvegardé, car il n'y aura pas d'autre possibilité de le retrouver... Le livre sera toujours en vente sur Amazon, mais l'édition unique disponible en NFT et identifiée comme telle, ne sera plus accessible.

Ne sous-estimez pas le risque que vos NFT valant plusieurs milliers d'euros ne soient plus disponibles sur Internet. D'ailleurs le NFT peut devenir caduc (perdre sa valeur d'authentification) si les métadonnées ne pointent plus vers un fichier réel.

Imaginez, vous avez un titre de propriété d'une voiture qui est volée ou détruite. Votre titre de propriété ne vous servira pas à grand-chose, si ce n'est en garder un merveilleux souvenir. Car à ce jour il n'existe pas (encore) de société qui assure les NFT contre leur disparition. (Voilà une sacrée bonne idée de business !)

Certaines sociétés (comme NFT Storage) proposent un service qui vous permettra d'enregistrer votre NFT. Vos métadonnées seront à leur tour hachées, et hébergées sur différents serveurs dans le monde, ce qui permettra de les retrouver. C'est une sécurité supplémentaire. Mais nous n'avons pas encore suffisamment de recul pour savoir si c'est pertinent. C'est comme faire du vélo avec un casque, est-ce qu'un airbag pour le cou est utile et nécessaire ?

Entre l'écriture et le moment où vous lirez ces lignes, d'autres solutions seront à votre portée. Celle qui nous semble la plus pertinente étant le wallet externe. Qui agit comme votre disque dur de sauvegarde... sur lequel vous oubliez parfois de faire votre sauvegarde de sécurité. (Je suis comme vous, d'ailleurs je vais la faire illico car c'est toujours quand on en parle qu'on doit faire une restauration du disque dur et que l'on perd les données importantes des dossiers sur lesquels on est en train de bosser... que celui à qui cela n'est jamais arrivé me jette son premier bitcoin...)

Afficher ses NFT

Si l'on parle des NFT artistiques, vous pouvez avoir envie de les afficher chez vous. C'est mieux que de les garder dans votre wallet et de les oublier.

Pour cela il existe plusieurs possibilités.

Infinite Objects qui vous permet d'afficher vos NFT sur les murs de votre salon (images ou vidéos). Celui-ci est le plus abordable. Il a le format d'un cadre photo et il faut compter environ 89$ (hors frais de douane et frais de port)

https://infiniteobjects.com/

De son côté Netgear (que vous connaissez peut-être pour ses routeurs) a conçu Meural. Le point positifs : ce sont des écrans mats qui permettent d'éviter le côté brillant d'écran d'ordinateur. C'est assez bluffant. On passe dans la catégorie au-dessus, y compris pour les prix. (Il faut compter entre 400 et 800€)

https://bit.ly/3kdNFbF

L'avantage c'est que c'est dispo chez Amazon ou Boulanger et que vous pouvez être livré rapidement.

Et si vous avez une œuvre incroyable à exposer, vous pouvez vous offrir la Rolls...

Le Mono X7. Là on entre dans une autre dimension. Mais l'amour de l'art n'a pas de prix ! (Enfin un peu quand même, à partir de 699$)

https://bit.ly/3pTQD8P

Il existe d'autres fabricants, à vous de trouver celui qui s'intégrera le mieux dans votre décor.

Vous voyez que les NFT peuvent intégrer la vraie vie et s'afficher chez vous comme des tableaux avec l'avantage de pouvoir les faire évoluer et de les changer au gré de vos envies.

Les NFT étant des fichiers numériques, ils peuvent s'afficher comme n'importe quelle photo. La qualité dépendra de la définition de l'œuvre choisie par l'artiste. Son niveau de pixellisation peut aussi bien faire partie de l'œuvre !

Imprimer ses NFT

Sauf contre-indication de l'artiste (et là, la notion de droit s'invite dans la danse) vous pouvez imprimer votre NFT. Il s'agit d'un droit de copie privée, comme vous avez la possibilité de le sauvegarder à plusieurs endroits.

Certains artistes considèrent que vous pouvez confier leur œuvre à un imprimeur et vous autorisent à une reproduction privée dont ils définissent à l'avance les dimensions maximales.

Ceci est très différent du droit de commercialisation. Ce n'est pas parce que vous avez acheté un NFT que vous avez le droit de le reproduire sur des affiches ou des mugs et les distribuer (même à titre gratuit) Cela serait considéré comme de la contrefaçon.

Aujourd'hui, si d'un point de vue fiscal, les NFT sont encore considérés comme des avoirs numériques, d'un point de vue moral, il s'agit bien d'œuvre de l'esprit et l'auteur pourrait vous attaquer sans état d'âme.

Vous voyez que l'achat d'un NFT va un peu plus loin qu'un simple échange de crypto sur une blockchain. Et que ce ne sont pas que des images sur un ordinateur. Leur forme définit une nouvelle approche de l'art. De la conception, à l'échange commercial et à la jouissance du bien.

Aujourd'hui le marché est encore bon-enfant et les différents acteurs dans l'euphorie des débuts. Mais un petit malin pourrait changer la donne et mettre un sacré coup de pied dans la fourmilière. Ce qui obligerait le législateur à statuer très rapidement sur la nature du NFT en tant qu'œuvre d'art. Les discussions sont en cours à l'Assemblée Nationale et sont prévues pour être étudiées par le Sénat en novembre 2021, notamment sur le régime fiscal qui pourrait voir la flat tax passer de 30 à 6.5 % si les œuvres pouvaient être reconnues comme œuvres d'art.

Il ne faut pas que ces considérations soient un frein à votre investissement. L'évolution du marché sera suffisamment inventive pour vous permettre d'exploiter vos NFT.

INVESTIR

INVESTIR

A votre question, je vais en poser une autre qui déterminera tout :
Quel est votre objectif ?

Quelle est votre ambition ?

Quelle est votre motivation ?

Vous voulez tester le marché ?

Créez un compte, connectez votre wallet et likez les œuvres qui vous plaisent. Et quand vous avez un réel coup de cœur, cliquez sur le bouton acheter.

Si le NFT ne prend pas de valeur, au moins vous éprouverez du plaisir à le regarder.

Avec la multiplication de l'offre, il faut souvent passer du temps et explorer. Les pépites sont parfois cachées et dépendent aussi de vos goûts.

Vous voulez collectionner ?

Nostalgique des albums Panini et un brin flambeur, vous avez envie de vous offrir des collections. Comme pour les cartes Pokémon, certains packages s'achètent à l'aveugle et peuvent contenir des NFT très rares que vous pourrez revendre.

Si on observe le marché des derniers jours, certaines collections (collectibles) ont dévissé et leurs valeurs ont perdu 30 à 50%. D'ici à ce que vous lisiez ces lignes, elles auront peut-être repris 60%.

Encore une fois, c'est un marché ultra volatile. Gardez en mémoire les collections de porte-clés, de pin's ou de cartes de téléphones des années 80. La valeur n'existe que parce qu'il y a un acheteur en face. Et tant que ce n'est pas vendu, vous n'êtes pas millionnaire.

Pour les collectionneurs, il y a pléthore de plateformes

- Rarible

- OpenSea

- Hic et Nunc

- Socios (pour les tokens sportifs)

- Veve (pour les licences de type Marvel...)

Prenez du temps, allez voir les comptes Twitter des plateformes, surfez sur les comptes Telegram et faites-vous votre propre idée.

Certaines collections peuvent être les prémices à des projets plus ambitieux : jeux vidéo, metaverses... Là, cela commence à être intéressant. Leur valeur évoluera aussi en fonction du sérieux du projet, de son potentiel et de la personnalité du porteur.

Un projet moyen boosté par une personnalité ira plus loin qu'un projet génial porté par un inconnu (En une ligne, je viens de résumer le marketing)

Vous voulez investir ?

Là, on arrive dans du lourd. Fini le jeu, vous pouvez mettre plusieurs ETH sur la table.

Le marché des NFT est comme celui de l'art. Vous devez avoir la même démarche. Si vous avez un coup de cœur, vous ne regarderez pas à la dépense, s'il s'agit d'un investissement à visée spéculative, vous effectuerez quelques recherches complémentaires.

Les plateformes plus sélectives en termes d'œuvres d'art sont :
- Hic et nunc

- Foundation

- Sorare

Truesy

- La Découverte

Il existe une foultitude de plateformes plus confidentielles et néanmoins riches en promesses artistiques.

Avant de vous lancer, interrogez-vous sur la valeur intrinsèque de l'œuvre. Même si c'est très difficile à évaluer. Souvenez-vous de Banksy installé dans Central Park et qui vendait anonymement des œuvres 60 dollars qui ne trouvaient pas preneur. Les mêmes en galerie se seraient arrachées à plusieurs dizaines de milliers d'euros. Le contexte de l'œuvre a son importance, tout comme l'histoire et le projet artistique qui l'abrite.

La galerie La Découverte (**www.ladecouverte.art**) a fait le choix de présenter les œuvres d'artistes reconnus. Non seulement vous voici propriétaire d'un NFT mais surtout vous recevez l'œuvre animée chez vous dans un très beau cadre.

Quel que soit le type d'art ou votre motivation, gardez toujours à l'esprit la notion de subjectivité des NFT.

Le NFT d'un club sportif qui vous permet d'assister aux entraînements ou d'accéder aux backstages, cela peut valoir beaucoup pour l'un et rien pour l'autre. Parce qu'un NFT peut vous faire vivre une expérience. Le NFT (qui est un contrat, je vous le rappelle à nouveau) est alors un certificat qui atteste de l'exclusivité de l'expérience que vous avez vécue : Dîner avec Messi dans la loge présidentielle du PSG par exemple.

Au moment d'acheter ou d'enchérir, regardez ce qui est compris dans votre NFT, est-ce uniquement un Jpeg, avez-vous un bonus, un avantage ? Est-ce que cela vous fait vibrer ? Est-ce que cela a du sens pour vous ? Un fan de Haendel préférera le Messie à Messi... un détail peut tout changer !

Le marché est bipolaire. Il alterne entre euphorie et déprime. Parfois plusieurs fois en une journée.

Si votre objectif est d'investir dans les NFT en espérant faire fortune en un claquement de doigts. Vous pouvez refermer ce livre (pourtant déjà bien entamé), je n'y crois pas. Même si quotidiennement les réseaux font état de jolies aventures.

En revanche créer une stratégie d'investissement comme vous le feriez pour votre portefeuille d'actions ou pour de l'immobilier, c'est déjà plus malin. Et là, je ne peux que vous encourager. Les gains seront à la hauteur de l'intelligence que vous mobiliserez. L'intelligence de l'analyse, l'intelligence de la situation et l'intelligence du timing (le tout saupoudré d'un peu de chance)

Pour acheter un NFT :

1- Commencez par évaluer la valeur intrinsèque de l'œuvre.

C'est sûrement la chose la plus difficile à faire. Qui est l'artiste ? A-t-il une cote ? L'œuvre a-t-elle un potentiel ?

2- Evaluez sa rareté. Si le NFT et édité à 3000 exemplaires... son intérêt est moindre. Certains packages sont vendus à l'aveugle (notamment dans les collections) et vous pourriez tomber sur un NFT rare. Encore une fois, le hasard n'est pas une réelle stratégie. Si cela vous arrive, tirez-en parti, mais ne misez pas tout sur la découverte d'un trésor ! (Vous avez le même type de probabilité de chance qu'aux jeux de grattage)

3- Estimez l'évolution possible de l'œuvre.

Est-ce un personnage qui peut évoluer dans un jeu vidéo ? Est-ce un artiste dont la cote peut grimper ? Est-ce que cela pourra devenir collector (Le NFT d'une marque internationale tiré à quelques exemplaires)

4- Que raconte l'œuvre ? Est-elle inscrite dans un courant artistique ? Que dit-elle de notre temps ? Quelle est sa contextualisation ? Son intertextualisation ? (Un petit n éologisme pour évoquer les liens avec l'œuvre d'autres artistes). De tous temps, les maîtres de l'art ont su faire des clins d'œil à leurs contemporains ou à d'autres artistes, ce qui ajoute à la valeur de l'œuvre. Elle raconte une histoire.

Soyez cohérent dans votre stratégie. Vous êtes une tête brulée ? Foncez ! Vous avez besoin d'être rassuré ? Avancez pas à pas.

Le tout premier NFT que j'ai acheté est un dessin. Deux corps sur une plage. Pourquoi ? Parce que j'ai une passion pour la mer, le soleil et les motels.

Cette image a suscité une émotion chez moi. J'aurais été capable de l'acheter en tableau. Donc je me suis offert ce

NFT. A ce stade je n'avais aucune visée d'investissement (et je n'en ai toujours pas concernant cet artiste)

Tant qu'à tester comment cela fonctionne, autant le faire avec une image qui me plait. Nulle ambition de revente, nulle ambition de spéculer. Juste le plaisir de comprendre la mécanique.

Restez toujours focus :

- L'art (sauf pour Picasso ou Van Gogh) est volatile, qu'il soit numérique ou physique.
- Beaucoup d'appelés et peu d'élus. Les écoles d'art sont remplies de gens talentueux, mais rares sont ceux qui font carrière. Idem dans le monde des NFT
- L'art est intangible. Chacun projette ce qu'il veut sur l'art. Le talent est dans l'œil de celui qui regarde.
- Une collection c'est comme une compil NRJ. Il y a quelques tubes et quelques morceaux moins intéressants qui ont été refourgués par les maisons de disque.
- Une collection d'art n'est pas une assurance-vie. (Hormis Banksy, Picasso ou Rembrandt...)
- Ne cédez pas au Fomo.
- Ne croyez pas les gens (influenceurs) qui vous disent qu'ils ont un bon plan pour vous et que vous allez faire un X 100 en une journée.

- Gardez à l'esprit qu'au départ, ce sont des vrais euros que vous avez durement gagnés que vous allez engager.
- Vérifiez que les plateformes ont bien pignon sur rue et sont autorisées dans votre pays.
- Votre meilleur allié est votre libre arbitre.
- Restez fidèle à votre stratégie.
- Définissez une somme que vous êtes prêt à investir et le cas échéant que vous êtes prêt à perdre. Comme au loto ou au casino !

Même si vous avez un coup de cœur, pensez au prix que vous allez investir... et évaluez les gas fees que vous payerez.

La bonne nouvelle : Si vous n'êtes pas un geek en puissance, certaines plateformes vous permettent d'acheter des NFT via votre CB. Ils se chargent de tout convertir pour vous (moyennant une commission)

Attention, n'importe qui ne peut pas le faire car ils agissent comme des prestataires de services d'actifs numériques (PSAN) et doivent obtenir certains agréments. Vérifiez quelle est la nationalité de la société et lisez les petites lignes des mentions légales... après tout, c'est votre argent.

Les secteurs porteurs.

Quelle que soit la forme que prend le NFT, il y en a pour tous les goûts et tous les intérêts... Des jpeg aux « memes », des collectibles, aux œuvres reconnues...

Le sport

Le sport est un des derniers refuges qui mobilise les foules, a des stars planétaires et des budgets en croissance.

Il y aura toujours des compétitions sportives. Des stars payées des fortunes. Des JO. Des Champion's League et des transferts pharamineux de stars au PSG (oui, c'est mon club de cœur et je pense que vous l'aviez compris).

Le sport passionnera toujours les enfants, et à l'image des vignettes Panini, des collectionneurs retraceront toujours l'histoire du sport. Les NFT sportifs s'inscrivent donc dans une vision à long terme et de collectionneurs passionnés.

A ce jour, l'application la plus complète est peut-être Socios (www.socios.com)
Elle vous permet d'acheter des tokens. Mais aussi de donner votre avis à travers des sondages, de parier sur les matchs à venir, de participer à des chats organisés par les clubs et aussi de partir à la chasse aux tokens façons Pokemon Go.

Le parfait mix entre la gamification et la tokenisation des clubs pour vous garder un maximum de temps sur l'application. (Et dans l'économie actuelle, le temps d'attention, c'est non seulement de l'argent, mais c'est un grand pouvoir de collecte de données.)

A surveiller de très près : Sorare. Pour voir comment ils vont exploiter leur levée de fonds historique.

Les jeux vidéo

Du pain et des jeux ! Si comme moi vous avez commencé à jouer sur Atari ou Thomson, vous réalisez combien le monde du gaming est devenu impressionnant. Vous avez joué à Pong et aujourd'hui votre fils vous met une raclée à Fifa 22... Vous savez de quoi je parle.

Le monde des NFT est indissociable du gaming. Cet univers est en perpétuelle évolution, à l'image de la technologie qui permet de créer des univers totalement immersifs. La personnalisation des avatars, l'inclusion de personnalités, l'interaction, font que l'univers des jeux vidéo est un terrain fertile pour les NFT.

Vous avez déjà acheté des NFT en habillant vos personnages sur Fortnite (les skins). L'univers du jeu est déjà habitué à des achats virtuels. La seule différence est qu'il n'y a pas (encore) de rareté ou l'exclusivité dans les accessoires et attributs achetés. Et que si le jeu s'arrête, vos achats disparaissent.

Les personnages de jeux vidéo sous forme de collectibles sont à surveiller de près. Ils ont vu leur cote s'envoler, comme pour Axie Infinity.

Fortement inspiré des Pokémon et des Tamagotchi (ces petits porte-clés qui bipaient ou mourraient si tu ne leur donnais pas à manger... Toi qui es né dans les années 90, tu sais). Les Axies sont des petites créatures que vous pouvez élever, améliorer, faire combattre et même faire se reproduire. Plus vous avez d'interaction avec eux et plus ils progressent et plus ils prennent de la valeur. Jusque-là, rien de neuf. Un univers rigolo et une captation maximale du temps et de l'attention.

Là où Axie Infinity est novateur : le jeu est basé sur le réseau Ethereum. Chaque élément prend la forme d'un NFT et est donc la propriété du joueur. Une market place permet aux joueurs d'acheter et de revendre leurs personnages. (Comme les Cryptokitties qui ont ouvert la voie en 2017)

Dans les jeux vidéo, plus il y aura d'interactivité, plus leur valeur va grimper. En revanche, la passion soudaine pour des jeux en ligne peut retomber aussi vite qu'elle est apparue. On ne compte plus les jeux précurseurs et érigés au rang de stars qui sont retombés relativement dans l'oubli : Candy Crush, Angry Birds, Street Fighter... Être novateur et raconter une histoire ne suffit pas toujours pour durer dans le temps.

Les noms de domaine

Au même titre que les noms de domaine en .com ont donné lieu à de très fortes spéculations il y a plus de 20 ans, les nouveaux noms de domaine en .eth, .crypto et toutes autres extensions, sont déjà sujets à des investissements. Certains noms de domaine se revendent plusieurs dizaines de milliers de dollars. Vous pouvez tenter votre chance, les acheter dans une perspective de revente. A vous de faire les bons choix et d'envisager quelles sont les adresses qui s'arracheront par les marques ou les entreprises.

Les collections (Collectibles)

Nous avons déjà évoqué le sujet longuement. C'est peut-être grâce aux CryptoPunks qui font régulièrement la une des médias spécialisés que vous avez commencé à vous intéresser aux NFT.

Mais pour les collections qui voient le jour quasiment quotidiennement j'ai envie de dire : Attention terrain miné. Ceci n'étant (encore une fois) que mon avis personnel.

Les collections, cela me rappelle celles des porte-clé des années 70. La maman d'un ami en a encore accrochés sur les murs de sa buanderie. Alors oui, à l'époque certains devaient avoir une certaine valeur du fait de leur rareté. Mais aujourd'hui à part les collectionneurs de chaque marque, qui est-ce que cela peut encore intéresser ?

Ces porte-clés étaient le cadeau bonus préféré des marques. Facile à produire en très grandes quantités, c'était un cadeau sympa et proche des clients (toujours dans leur poche) Dans la même veine on peut citer plus proche de nous les pin's des années 80 (Certains se seraient damnés pour obtenir un pin's parlant de TF1) ou encore les cartes de téléphone. Aujourd'hui ces collections ne valent rien alors que tout le monde en avait ou au moins en parlaient. Même les pièces les plus rares n'intéresse que rarement et leur cote est dérisoire.

C'est pour cela que les collections seules m'intéressent peu dans les NFT. J'y vois un effet d'aubaine qui s'autonourrit.
Beaucoup d'argent généré, réinvesti dans des collections d'intérêt secondaire. Ajoutez le Fomo qui augmente l'attrait et la capitalisation des collections les plus saugrenues... Ce qui donne encore plus de collections... bref, vous avez compris la mécanique psychologique.

Hormis les cryptokitties et les cryptopunks qui ont réellement écrit l'histoire des NFT, je ne donne pas cher des Strawberries, des boobies, des Lolly... C'est rigolo, mais cela ne vaut pas plus que 0.001 ETH.

Cela étant, je ne suis pas devin. Et peut-être qu'il y aura un regain d'intérêt dans quelques années. Comme le phénomène des cartes Pokemon actuellement.

Vous voulez vraiment spéculer ? Jouez avec les collectibles. Achetez des packs surprises et remettez-les immédiatement en vente pour ceux qui n'ont pas eu votre chance. Sur un malentendu vous pourriez faire un X 5. Mais honnêtement, il y aura beaucoup d'appelés et peu d'élus. Comprenez, peu de collectibles qui prendront réellement de la valeur dans le temps. Je parle bien évidemment des collections qui ne sont pas adossées à un projet ou qui ne sont pas reliées aux domaines précédemment cités : le sport, les jeux vidéo...

Sachez revendre au bon moment. Et pour cela il faut passer du temps dans les forums, sur les plateformes pour évaluer l'intérêt et la demande des collections. De toutes façons, quand les reventes sont massives, c'est déjà presque trop tard. Gardez à l'esprit que l'engouement développe des collections nouvelles chaque jour et que certaines sont aussi vite déclassées qu'elles ont été créées. Si l'on regarde une des collections les plus prometteuse de ces dernières semaine comme les Mekaverses. Gros engouement, et depuis... rien ne se passe. On espère qu'ils tiendront leur road map et que leurs projets se développeront réellement. (en résumé, qu'ils n'ont pas pris la thunes pour se la couler douce aux Bahamas)

En revanche, si c'est pour le fun et parce que vous aimez réellement un dessin, foncez. Et, si vous voulez que votre achat garde une certaine valeur, achetez au moins 3 NFT d'une même collection (avec une thématique identique : ils ont tous une casquette, un fond violet, des lunettes de soleil) ainsi vous créez une collection dans la collection et cela aura plus de valeur dans le temps. Comme les collections d'autographes. Si vous avez les quatre Beatles, c'est plus rare, donc plus cher, que si vous avez Ringo Starr seul (parce ce que n'était pas le Beatles avec le plus de notoriété)

Les NFT ne sont qu'un support différent. Regardez comment ont évolués les marchés des collections... et regardez combien elles se vendent sur Le Bon Coin aujourd'hui. Cela vous donnera une indication de la valeur que peut prendre votre collection de NFT. (Car l'histoire est un perpétuel recommencement, la nature humaine étant toujours motivée par le même type de sentiments et de ressorts psychologiques.)

La musique

Voici un domaine encore peu exploré et pourtant à très fort potentiel. Le principal frein est, sûrement le droit d'auteur. Dans son ensemble. Et c'est là qu'est le réel enjeu du droit dans les NFT artistiques.

Imaginons vous faites un remix d'un tube disco. A qui reviennent les droits ?

Même si le NFT permet de tracer parfaitement une création artistique, plus vous multipliez les intervenants dans la création d'une œuvre et plus vous prenez de risques juridiques. Mieux vaut être bien entouré et ce sera l'enjeu des labels pour cette décennie à venir.

Car dans la musique l'application des NFT est infinie... Certains artistes ont déjà découpé leurs morceaux en différents NFT. On peut imaginer que chaque piste puisse faire l'objet d'un NFT et le morceau ne serait complet que si tous les enchérisseurs se retrouvaient.

On peut créer un NFT pour vivre une expérience spécifique avec un artiste, pour accéder aux backstages, pour offrir des morceaux exclusifs, pour garantir l'authenticité des tickets de concert... Bref, la musique est indéniablement un nouvel eldorado pour les NFT. Et l'industrie pourrait s'en emparer pour retrouver son lustre d'antan. Une hype bien plus puissante que le revival des vinyles qui a soutenu l'industrie ces dernières années.

Voici un domaine à surveiller de très près car très prometteur et peu encore développé.

La mode et le luxe

S'il est bien un domaine où l'on est en recherche de nouveauté, d'exclusivités et d'innovation c'est la mode. D'ailleurs elle ne nous a pas attendu pour explorer les NFT et les Metaverses. Vuitton a créé un jeu et une chasse au trésor de NFT pour ses 200 ans, Gucci a créé une boutique virtuelle dans la Fashion street de Decentraland.

Mais le phénomène qui prend de l'ampleur sont les wearables. Votre vêtement s'affiche sur vous grâce à la réalité virtuelle et depuis votre téléphone portable. Mieux encore, vous pouvez vous offrir le NFT de votre vêtement. Non seulement cela authentifie la provenance de votre achat, mais surtout vous pouvez habiller votre avatar dans un metaverse avec votre vêtement.

Ici aussi les applications sont infinies, aussi bien en B2B pour la création, la fabrication et la distribution, mais surtout en B2C pour créer un nouveau lifestyle. Vous n'aurez plus peu de sortir votre Kelly ou votre montre de luxe, vous les porterez fièrement dans un metaverse et tout le monde pourra les admirer !

A l'ère où acheter et revendre en seconde main, n'est plus un tabou pour les marques de luxes, les NFT présentent aussi de nombreux avantages : garantie de l'authenticité, images associées pouvant être publiées sur les sites de revente... Encore un écosystème à explorer.

Cela ne s'arrête pas là, car les plus grandes marques de luxe (LVMH, Prada Group, Richemont) se regroupent autour d'un projet de blockchain dédiée : Aura. Les marques reprennent le pouvoir et créent une nouvelle relation plus transparente avec leurs clients.

https://auraluxuryblockchain.com/

Ce rapide panorama a balayé les NFT artistiques qui présente un intérêt certain. Mais pour moi, le réel potentiel des NFT est ailleurs. Les domaines d'applications des NFT utiles sont infinis. Et à titre personnel, je préfère orienter mon intérêt vers les entreprises qui ont de vrais projets construits et inscrits dans l'économie réelle. Bien évidemment le sport, les jeux vidéo sont très ancrés dans notre culture et représentent des valeurs sures. Mais le luxe avec sa force de frappe financière et son rayonnement mondial sont à suivre de très près. Ces secteurs montrent le chemin pour des entreprises plus mainstream et demain on retrouvera des NFT chez Zara ou Monoprix.

Les NFT demain

Nous avons vu que l'art occupe la majeure partie des NFT car c'est la partie la plus visible. C'est celle qui permet de créer les plus belles légendes des fortunes créées (presque) du jour au lendemain. Et ça, le grand public aime. En revanche cela peut effrayer les investisseurs les plus aguerris qui y entrevoient une entourloupe.

La vérité navigue à vue entre ces deux conceptions.

Prenons un instant pour sortir du monde de l'art. Si l'on considère la traçabilité et la vérification automatisée et infalsifiable, tout de suite cela ouvre de nouvelles perspectives plus que passionnantes. Et c'est en cela qu'il faut considérer les NFT comme une réelle révolution.

A partir du moment ou une chose peut être dématérialisée, qu'elle est unique, et qu'elle a un certain intérêt, on peut considérer qu'elle peut s'inscrire dans une blockchain sous forme de NFT.

Comme je vous l'ai déjà dit, pour simplifier la compréhension et créer une image mentale, considérons que le NFT est un contrat. Ni plus ni moins. Dès lors tous les domaines, où les contrats de valeur prédominent, sont concernés par les NFT.

Quand vous achetez votre baguette à la boulangerie, il s'agit d'un contrat. La boulangère s'engage à vous donner un pain frais du jour en échange d'un prix affiché. Et au passage de vous lancer un « et avé cesiiiiiiiiiiiii » en bonus constant non taxable. Mais c'est un contrat sans valeur. 5 ans plus tard, on ne vous demandera pas de fournir la preuve de ce contrat.

Les NFT offrent une nouvelle perspective pour tous les contrats à forte valeur ajoutée et à longue durée pour :

- Les actes notariés
- Les calculs de retraites
- L'immobilier (de la conception à l'exploitation)
- Les assurances
- La santé
- La logistique
- Les dédouanements
- Les imports / exports
- Les impôts et taxes

- Les métiers réglementés
- ...

... tous les domaines où les documents administratifs jouent un rôle prépondérant et inaliénable. Les NFT peuvent être appliqués à la traçabilité d'un diamant depuis la mine d'extraction jusqu'à votre bague de fiançailles.

Le NFT peut servir dans tous les domaines où des responsabilités multiples peuvent s'exercer. Imaginez un produit manufacturé qui part de Chine. Par combien d'intermédiaires va-t-il passer avant d'arriver au rayon électro-ménager de votre magasin préféré ? Comment se répartit la chaîne de responsabilités ? La logistique est un domaine où les NFT trouvent une application immédiate quand ils sont couplés à des smart contracts. Ces contrats qui s'exécutent de manière automatique. C'est moins glamour que le cryptoart mais beaucoup plus révolutionnaire.

Voilà, en quelques phrases, je viens d'ouvrir la boîte de Pandore et votre cerveau a sûrement fait « boum » comme le mien quand j'ai compris le champs des possibles pour les NFT. Il est infini et exponentiel. Entre le moment où j'écris ces lignes et le moment où vous les lirez, des dizaines d'applications seront rendues possibles.

Vous voyez pourquoi les NFT artistiques ne sont qu'une partie visible et pourquoi il est nécessaire de démocratiser la compréhension de leur mécanique. Ainsi chacun pourra appliquer à son domaine d'expertise une technologie novatrice et prometteuse.

Si vous voulez faire fortune avec les NFT, mieux vaut imaginer comment les développer dans votre métier et créer un service innovant que de miser sur l'image d'un petit pois avec un chapeau et une pipe. (Je dis ça, je ne dis rien... mais je sais qu'un jour vous me remercierez)

Quelques erreurs à éviter lorsque l'on commence à investir dans les NFT

Vous avez envie de vous lancer, le crypto art vous semble prometteur. C'est une idée géniale. On ne comprend quelque chose qu'en l'explorant soi-même.

Sous-estimer les gas fees

Lorsque vous voyez le prix d'un NFT affiché, il existe des frais qui se révèlent a posteriori : les gas fees.

En France, nous avons l'habitude que les prix soient affichés en TTC et avec le service compris (dans les restaurants).

Aux USA, non seulement vous devez ajouter les taxes au prix affiché, mais aussi le pourboire. (À 10% vous êtes radin, à 20%... on commence à vous prendre au sérieux)

La première surprise quand on achète des cryptos et ensuite des NFT, ce sont les gas fees.

Littéralement, les gas fees sont des frais de gaz. Ils sont calculés pour compenser la dépense en électricité qui a été faite pour valider votre transaction.

Je vous avoue qu'au début, je trouvais cela injuste. Mais ensuite j'ai changé mon point de vue et considéré que les prix qui m'étaient présentés étaient en HT. Ce qui dans l'absolu n'est pas différent de quand on négocie en B2B.

Certes, cela demande une petite gymnastique de l'esprit. Mais ajouter 20% à chaque prix annoncé d'une œuvre permet de ne pas se laisser surprendre par la suite et évite ce sentiment de frustration légèrement désagréable. Attention, les gas fees ne sont pas un prix fixe ou un pourcentage donné. Ils fluctuent selon la demande. Plus il y a de transactions à valider à un instant T et plus les frais sont élevés.

Vous comprendrez vite l'importance de conserver une petite réserve d'ETH dans votre wallet pour assurer ces frais.

Le premier NFT que j'ai acheté était affiché à 0.02 ETH et les gas fees se sont élevés à 0.015. (Soit environ 30€) Pour moi c'était ok car j'étais prête à payer ce prix pour obtenir l'œuvre.

La semaine dernière, pour un autre NFT du même artiste, les frais de gaz sont montés à 109€... là j'ai lâché l'affaire. L'art attendra !

Penser qu'on a le temps d'acheter un wallet externe

Vous vous souvenez du jour où vous avez commandé votre disque dur externe parce qu'après un crash vous aviez perdu tout le contenu de votre ordinateur ? (Et que même chez Apple ils ne pouvaient pas vous faire de back up sans que vous vendiez un rein, entachant à jamais l'image positive que vous aviez d'eux ?)

Eh bien, je pense que vous pourriez vous épargner le même stress. Parce qu'un portefeuille de cryptos a autrement plus de valeur que les photos de vacances dans la belle-famille. Il regroupe des valeurs, certes numériques mais que vous avez acquises avec vos euros chèrement gagnés.

Votre wallet est comme votre compte en banque. Vous ne laisseriez pas votre Iban et les codes accessibles à n'importe qui ? Vous devez donc le sécuriser et ne pas tout laisser en ligne.

Les wallet externes (cold wallet) se présentent comme une clé USB avec un concentré de technologie qui sécurise vos achats de cryptos et de NFT. Les premiers prix commencent à une soixantaine d'euros et les milieu de gamme surfent sur cent-vingt euros... Une dépense indispensable pour ne pas rejoindre la longue liste des anecdotes croustillantes de ceux qui ont tout perdu par négligence.

Même si le protocole des blockchains est considéré comme infalsifiable, à partir du moment où une action humaine est attendue, il y a un risque. Comme oublier son mot de passe ou autoriser une action douteuse. Le wallet externe est là comme une garantie supplémentaire indispensable.

Céder au FOMO

Le Fomo : « Fear of missing out » c'est le pire ennemi de tout investissement ou de tout nouveau business.

Quand le bitcoin a dépassé la barre des 30.000 $ la presse grand public a commencé à s'y intéresser. « Comment une valeur, considérée comme fictive, a-t-elle pu atteindre de tels sommets ? » Les petits porteurs (ce n'est nullement péjoratif, j'en fais partie) ont commencé à s'y intéresser.

Si en 2 mois une valeur passe de 20.000 à 30.000$, cela vaut le coup d'y investir quelques billes. Surtout quand la presse relate une semaine plus tard que le palier des 35.000 $ est atteint et que l'on projette 60.000 $ (que l'on vient de dépasser)

Vouloir en être est naturel. Mais les habitués des marchés, savent que ces bull-runs (progressions très rapides) sont toujours suivies d'une correction tout aussi rapide, voire très douloureuse. Et c'est ce qui s'est passé. Après une forte progression. La dégression a été tout aussi violente. Ce qui a effrayé les petits porteurs qui ont retiré leurs billes aussi vite qu'ils les avaient placées.

Les whales (les gros portefeuilles de crypto) n'ont pas bougé. Et ont laissé le marché s'assainir. Avant de racheter au cours le plus bas. De là à dire qu'il y a eu manipulation du marché, il n'y a qu'un pas et ce n'est pas Elon Musk qui me contredira.

L'épisode Musk / Bitcoin est un cas d'école dont vous devriez vous souvenir toute votre vie d'investisseur en cryptos ou en NFT.

1- Elon Musk annonce qu'il acceptera les règlements en Bitcoin pour ses Tesla. Hausse du cours.

2- Pour une excuse d'écologie, il annonce qu'il renonce aux Bitcoins (trop énergivores) Chute vertigineuse du cours.

3- Lors de la publication de son bilan en juillet 2021, on découvre, qu'en réalité, Elon Musk n'a pas revendu un seul Bitcoin.

Il a simplement voulu tester la volatilité du marché.

Pas de bol pour les petits porteurs qui ont investi 1000 euros, ont payé des gas-fees, et qui, pris de panique ont revendu au pire moment en perdant 30 à 50% de leur investissement.

A dire vrai, Musk se fiche royalement des petits porteurs (déjà parce qu'ils n'ont pas les moyens d'acheter ses voitures). Souvenez-vous, il n'est pas là pour faire œuvre sociale ou humanitaire, mais pour réaliser ses ambitions personnelles. Tester le marché des BTC est évaluer la solidité de ses liquidités et renforcer sa capitalisation.

Tout cela pour vous dire que ce soient des actions Tesla ou Coca Cola, des Bitcoins ou des NFT... vous ne devez pas vous laisser emporter par l'effet Fomo.

C'est toujours le bon moment pour investir intelligemment. Fixez-vous une stratégie d'entrée (achats) et de sortie (ventes) et tenez-vous y.

Les NFT et les cryptos, cela monte, descend... Et votre portefeuille d'action est suffisamment bien construit pour que les valeurs les plus sûres puissent couvrir les défaillances des actions les plus sensibles, il en est de même avec les NFT et les cryptos. Ce n'est pas le moment de claquer tout le PEL ouvert par votre mémé sur des collectibles de petits pois déguisés en rappeurs, à moins que vous ne soyez prêts à tout perdre. En revanche en leur consacrant 10% de votre capital, vous pourriez peut-être avoir une jolie surprise et une flambée du prix si Elon Musk s'entichait des petits pois et le faisait savoir dans un tweet.

Encore une fois, je ne fais aucun conseil sur les valeurs où investir. Vous vous ferez votre propre idée. (D'ailleurs je ne présume pas de mes intuitions, car j'ai fait quelques boulettes, sans conséquences, mais des boulettes quand même...)

Et si je laissais passer une bonne occasion ?

C'est exactement la croyance à laquelle vous ne devez pas céder. Quand vous doutez, replacez-vous toujours au début des années 2000 pour l'Internet. Cette période a vu naître de grands projets, et de grandes fortunes sont venues bien après et d'autres viendront encore.

Même pour ceux qui n'ont pas créé de site internet au début du millénaire. Qui aujourd'hui se souvient de Lycos, Napster, Aol ou Alapage (l'ancêtre d'Amazon) ?

Yahoo avait snobé Google et refusé de les racheter... ce qui a permis à Google d'être qui ils sont aujourd'hui. Yahoo, leader mondial est désormais perdu dans les limbes.

Si vous avez eu la géniale idée de lire : Vergetures : 25 idées iconoclastes pour entreprendre[19]. (Instant auto-promo) vous savez qu'il est parfois plus malin de laisser les premiers ouvrir le chemin et ensuite se placer dans leur appel d'air.

Il y aura toujours des idées, des projets, des créneaux à saisir. Mieux vaut assurer vos arrières et bien comprendre où vous allez que de foncer tête baissée et vous planter en voulant absolument être le premier.

Tout le monde vous rappellera que le BTC ne valait que quelques euros en 2008 et que si vous aviez investi 1000$ à cette période-là, vous seriez multimillionnaire aujourd'hui, en train de siroter un cocktail au bord d'une plage paradisiaque.

Oui mais... vous ne l'avez pas fait et moi non plus. Et il y aura d'autres occasions. Le plus important est d'être alerte, de rester informé et le jour où l'occasion se présentera, dans un domaine que vous maîtrisez, vous pourrez vous dire : Ça c'est pour moi !

Cela ne vous prive pas d'explorer, de faire quelques achats, d'apprendre, de vous planter et de recommencer. L'histoire retient toujours la flamboyance de certaines réussites en occultant les chemins détournés qui leur ont permis d'y arriver. Qui se souvient que Steve Jobs avait été viré de sa propre entreprise avant d'y revenir ?

Ne soyez pas impatient. Votre heure viendra !

Suivre les conseils des influenceurs

Dans un nouvel univers, une nouvelle économie, on a besoin de se créer des repères. Notre cerveau fonctionne automatiquement par reconnaissance et association. Il faut avouer que les NFT ne correspondent pas tout à fait à quelque chose que nous connaissons déjà. De fait notre cerveau a plutôt tendance à les associer à quelques arnaques dont nous avons entendu parler à travers les médias.

Dans cette mangrove des nouvelles technologies, certains influenceurs semblent être un phare dans la nuit. Comprenez qu'ils inondent les réseaux sociaux par des vidéos où ils vous expliquent, très sûrs d'eux, avoir un scoop et avoir envie de le partager avec vous. Tant de générosité, c'en est presque confondant. Et on aurait envie de suivre leurs conseils. Avant toute chose, vérifiez si les vidéos qu'ils présentent ne sont pas sponsorisées. Car ces influenceurs touchent des commissions sur les sommes que vous investissez sur les exchanges qu'ils recommandent ou sur les achats de token que vous faites via leur lien d'affiliation. Et malheureusement, ces commissions sont plus lucratives que les gains qu'ils auront réalisés en investissant réellement. (Le temps que vous achetiez, ils auront déjà revendu...)

Si vous ne savez pas encore reconnaître quels sont les NFT dignes de ce nom ne vous précipitez pas sur les conseils des premiers venus sous prétexte qu'ils ont 10 000 followers sur TikTok et qu'on leur a confié un bon plan.

Prenez le temps d'observer, faites-vous votre propre idée, et suivez les conseils de ceux qui vous semblent le plus avisés. Encore une fois ce n'est pas une science exacte, il y a des NFT sur lesquels vous allez gagner, d'autres qui vous donneront des sueurs froides. Le plus important est qu'à la fin, cela s'équilibre et que vous vous fassiez plaisir avec une jolie plus-value.

Les influenceurs joueront sur les biais cognitifs bien connus en ne vous parlant que des gros coups qu'ils ont réalisés et en occultant tous ceux où ils ont perdu. C'est la même mécanique avec le loto qui vous rappellera sans cesse le nombre de gros gagnants, parce que parler des millions de personnes qui n'ont rien touché, cela ne fait pas rêver.

Un homme averti en vaut deux...

CREER

CREER

En tant qu'artiste, vous pouvez tout créer sous forme de NFT.
Une image, une vidéo, de la musique, un jingle, une sculpture, un happening... Le NFT peut être l'œuvre numérique seule ou être adossé à une œuvre physique. C'est vous qui choisissez. Votre œuvre peut être divisée en parcelles qui seront revendues à l'unité, vous pouvez créer une collection... la seule limite est votre imagination. Je vous rappelle que les NFT sont nés grâce à un artiste qui a détourné une technologie.

5 raisons pour lesquelles vous pouvez proposer vos œuvres en tant qu'artiste

- Vous faites connaître vos œuvres à un large public.
- Vous intéressez les early adopters et avez déjà une large communauté.
- Vous inscrivez votre œuvre dans une économie numérique.
- Vous pérennisez vos œuvres.
- Vous risquez d'obtenir une meilleure rémunération.

En tant qu'artiste, vous pouvez avoir deux démarches totalement différentes :

Opportuniste : Vous créez une collection ex-nihilo, engagez votre communauté et misez sur un emballement. Vous pouvez refourguer vos œuvres de jeunesse qui dorment dans un tiroir.

Visionnaire : Vous inscrivez votre œuvre dans un projet global incluant une partie numérique.

Il n'y a pas de jugement à avoir sur l'une ou l'autre ambition. Vous pouvez combiner les deux. Soyez simplement cohérent avec votre projet et ne prenez pas vos clients / mécènes pour des idiots. (Parce qu'ils ne le sont pas)

Certes nous avons vu des emballements totalement délirants sur des collections et des petits malins qui ont inondé le marché avec des œuvres dont la qualité peut être discutable. C'est ici qu'éclatera la bulle évoquée précédemment. Sur les projets opportunistes à faible valeur ajoutée. Or pour être vendus, ces projets ont besoin d'être connus. Et à ce petit jeu-là, les Américains sont très forts. Ils vous vendent le projet à la manière d'un télé-achat, en trustant les réseaux sociaux, en achetant des prestations auprès d'influenceurs et en décuplant leur visibilité.

La bonne nouvelle est que le marché s'assainit naturellement et que ce type de projet aura tendance à disparaître.

En tant qu'artiste, vous pouvez créer... et attendre d'être découvert par hasard. Ou vous pouvez décider d'être actif par rapport à votre œuvre et votre travail.

Dans le succès des NFT plusieurs facteurs entrent en compte :

- La renommée : votre capacité à engager votre communauté autour de votre projet.

- La rareté : le nombre de tirages que vous comptez éditer.

- La pérennité : Est-ce un one shot ou une vraie démarche artistique ?

Les acheteurs / collectionneurs seront attentifs à ces critères. Bien évidemment, ils préfèreront un artiste reconnu qui crée une pièce exceptionnelle et qui est dans le game depuis plusieurs années.

Si ce n'est pas encore votre cas, comment vous lancer ?

Créez votre communauté. Un collectionneur préférera un artiste qui a une grande communauté au sein de laquelle il est actif. Une grande communauté, cela veut dire que potentiellement le NFT qu'il achètera pourra être revendu auprès de vos fans.

Pour créer votre communauté, il n'y a pas de secrets : Être présent et interagir.

Twitter, Discord, Insta, Bitclout, ClubHouse... Allez là où sont vos fans. Interagissez avec eux. Participez à des conversations, parlez de votre œuvre. Cela vous semble une évidence et pourtant...
C'est sur ClubHouse que j'ai découvert quelques collections intéressantes. J'ai bien aimé l'histoire derrière l'artiste, sa façon d'aborder les choses. Acheter une de ses œuvres était alors presque évident. Et c'est là que l'on comprend la force des Américains, le storytelling et le tunnel de vente qui rend l'achat presque obligatoire. Pas de scrupules, pour eux, c'est un business.

Une approche qui peut étonner dans le monde de l'art. Mais il faut garder à l'esprit qu'il s'agit d'un marché et qu'en tant qu'artiste, vous souhaitez en vivre (sinon cela s'appelle un loisir)

Observez ce qui se fait, quels sont les artistes qui cartonnent, tentez de comprendre la mécanique qui les a amenés au succès et inspirez-vous-en.

Chaque communauté a ses spécificités. Mais le désir d'achat, cela se travaille. Même en France !

Créer des NFT suit le même processus qu'en acheter. Vous devez avoir un wallet, y avoir des cryptos, et choisir la plateforme sur laquelle vendre vos NFT.

Cependant, vous devez vous questionner sur votre motivation à créer.

En ce moment, et vu le succès des collectibles, il est tentant de créer un petit personnage, d'en créer des milliers de déclinaisons avec un algorithme et de les vendre en attendant que cela explose. Certes, vendre 6000 NFT à 100€, cela a de quoi faire tourner la tête en termes de chiffre d'affaires (on ne parle pas encore de bénéfices)

Si vous avez une grande communauté, si elle est très engagée. Vous pouvez tenter le coup. Sur un malentendu cela pourrait marcher. Les récents succès sont là pour attester d'une demande. (Moi, je suis plus circonspecte sur le sujet. Et je pense sincèrement qu'il y a une bulle prête à éclater.)

Pour créer, vous devez être prêt. Juridiquement et fiscalement.
Avez-vous décidé de vous regrouper avec des amis développeurs, pros du marketing et de la communication ? Vous-êtes-vous structuré en société ? Si ce n'est pas le cas, à qui appartient le wallet qui va récolter le fruit de la vente ? Comment allez-vous faire vivre vos personnages ? Comment va évoluer votre œuvre ?

Beaucoup de porteurs de projets viennent me voir avec des étoiles dans les yeux et ils voudraient se lancer. Rares sont les projets auxquels je crois (sans être oiseau de mauvais augure)

Voici les erreurs principales que j'ai recensées chez les créateurs de NFT (sous forme de collectibles)

1- Ne pas être structurés juridiquement.

C'est la base. Aujourd'hui vous êtes une bande de potes et tout va bien. Mais demain quand il y aura plusieurs centaines de milliers d'euros en jeu, qu'en sera-t-il ?

La solution : Créez une société. (Aujourd'hui en une journée c'est fait et avec un capital réduit)

Déterminez clairement quel sera le rôle (opérationnel ou non) de chacun.

Rédigez des statuts clairs. Au besoin faites-vous aider par une structure juridique (un cabinet spécialisé dans les blockchains est préférable à un expert-comptable qui n'y connait rien)

Plus les choses seront précises dès le départ et plus vous serez rassuré sur l'avenir. Notamment au moment de déclarer le chiffre d'affaires et de payer vos impôts.

Si vous êtes un artiste solo, vous êtes peut-être déjà inscrit à la Maison des Artistes ou avez un statut de micro-entrepreneur (auto-entrepreneur) Il s'agit d'une structure juridique.

A partir de deux personnes, assurez vos arrières. Car vous allez investir du temps, de l'énergie, vos connaissances techniques, de l'argent (pour payer le site internet, les gas fees de mise en vente et tous les services annexes...)

Quand on est dans l'euphorie de la création et l'urgence de vouloir créer une collection quand on voit les chiffres records des ventes, il est naturel de vouloir aller vite. Mais pour une vente réussie, combien de collections végètent sur les plateformes ? Regardez simplement sur OpenSea et vous aurez un petit panorama.

Attention, je ne dis pas qu'il ne faut pas se lancer, mais il faut se structurer et savoir ce que l'on fait.

2- Ne pas avoir de projet derrière les NFT.

Par projet, j'entends l'évolution possible des NFT. Si vous voulez juste vendre des JPEG pour prendre les thunes pour aller vous éclater sur les plages des Bahamas ou créer une communauté dans le Larzac... c'est louable. Mais votre communauté doit le savoir. Car s'ils investissent, c'est parce que derrière, ils espèrent pouvoir revendre. Et pour revendre, il faut que les NFT prennent de la valeur ou n'en perdent pas.

La solution : Les NFT ne doivent être qu'un support qui vient compléter un autre projet. Ils deviennent un élément de votre stratégie, ils ne sont plus LA stratégie.

3- Ne pas miser sur la pérennité

Faire un coup, prendre la thune et partir. C'est à la portée de n'importe qui. Mais les NFT et les surtout les collectibles, c'est une très petite communauté. L'information circule très vite. Si vous le faites une fois, vous ne le ferez pas deux.

Les solutions : Engagez votre communauté sur un projet à moyen ou long terme. Faites évoluer vos NFT. Considérez-les comme une partie d'une œuvre plus large. Cela permettra aux acheteurs de se projeter et de vous rester fidèles.

Ces erreurs de débutants concernent principalement les créateurs de collectibles. Chaque jour mes réseaux sociaux sont envahis de messages privés me disant que chaque projet est plus intéressant que le précédent, qu'il va faire X10, qu'un youtubeur connu va en parler, qu'il y a une Tesla à gagner par tirage au sort... Tout ça c'est poubelle pour moi !
Je préfère investir dans de vrais artistes.

Certains artistes intègrent les NFT dans une optique de diffusion de leur art. Quel qu'il soit. Et c'est la meilleure attitude à avoir.

4- Croire qu'il va se vendre automatiquement.

NFT n'est pas un mot magique et les cryptos ne vont pas tomber automatiquement dans votre escarcelle parce que vous les mettez en vente.

Vendre ses NFT, même quand on est un artiste connu, cela demande du temps, du travail et de l'engagement.

1- Il faut faire connaître son travail. Être présent sur les plateformes qui comptent.

2- Votre communauté sera votre meilleur alliée. Et pour cela, vous devez passer du temps sur les réseaux, échanger avec vos followers qui se transformeront en ambassadeurs. Cela demande de la persévérance.

A ce petit jeu-là, les Américains sont très forts. A chaque prise de parole (notamment sur ClubHouse) ils jouent leur vie. Ils ont les arguments pour vous convaincre d'acheter leur fraise déguisée en citrouille. En France, nous sommes un peu plus timorés, mais ce n'est pas pour cela que la communauté est moins engagée.

3- Considérez que vous vendez un vrai produit. Et qu'une stratégie marketing a toutes ses raisons d'être. Ce qui change, c'est le medium. Pas l'acte d'achat qui sera partagé entre la raison (faire un investissement rentable) et la passion (le coup de cœur) Dans une galerie, vous vous adressez à un public ciblé. Dans une galerie NFT, vous vous adressez au monde entier.

4- Définissez clairement ce que vous vendez et quels sont les droits de l'acheteur. Droit de copie privée, droit de diffusion, droit de commercialisation...

Encore une fois, un juriste spécialisé peut vous aider à rédiger le contrat qui sera adossé à l'œuvre.

En résumé :

Pour créer et vendre des NFT, vous devez avoir une vraie stratégie. Ok, c'est de l'art. Mais c'est une transaction commerciale avant tout et vous devez convaincre une personne de s'offrir votre art... et ça aussi, c'est tout un art (Elle était facile, celle-là)

VENDRE

Pour vendre ses NFT, il faut tout d'abord définir ce que vous voulez vendre et surtout à qui. En marketing, on dit toujours qu'il faut d'abord trouver son client et ensuite trouver quoi lui vendre.

Quelle que soit votre projet, vous suivrez les mêmes étapes que pour acheter :

1- Choisissez votre exchange.

2- Créez votre wallet.

3- Choisissez le site où vous souhaitez mettre vos NFT en vente. (Vous pouvez passer par un site connu ou créer votre propre plateforme.)

4- Cliquez simplement sur créer sur la plateforme choisie et laissez-vous guider.

Certaines plateformes sont plus sélectives que d'autres pour garder une certaine unité dans leur offre. Prenez le temps de regarder et de choisir.

Prix fixe ou enchère ?

Le choix de la mise à prix dépend de votre objectif et de votre renommée.

Un prix trop bas et vous n'êtes pas crédible. Un prix trop haut... non plus.

Si vous lancez une collection, vous avez tout intérêt à lancer un drop à prix fixe. Et ensuite laisser les acquéreur remettre les NFT aux enchères.

En revanche, si vous vendez une œuvre unique qui a une certaine valeur, le mode enchère sera plus adapté.

Pensez à bien évaluer les royalties dès le départ, envisagez aussi le niveau de gas fees (oui, je sais, je radote... mais c'est pour la bonne cause) qui s'ajoutera au prix du NFT. Cela peut être dissuasif pour certains acquéreurs.

Désormais, les plateformes de mise en vente vous proposent de choisir la blockchain sur laquelle seront enregistrés vos NFT. Sur Polygon ou Solana, les frais sont nettement moindres que sur Ethéreum (en attendant Ethereúm 2. qui se fait attendre...)

Beaucoup de plateformes sont exclusivement en anglais pour toucher un public international. Le marché français est encore balbutiant. Cela peut vous freiner dans la compréhension des différentes étapes à suivre. Si vous êtes sur Chrome, un clic droit + traduire la page en français, devrait vous familiariser avec les différentes démarches.

Vous êtes débutant, optez pour le plus facile : Rarible ou OpenSea. Vous pourrez vous faire la main.

Laissez-vous guider dans la création de votre compte ainsi que pour la mise en ligne des œuvres.

Pour le succès de votre mise en vente (mint):

- Choisissez la plateforme le plus en adéquation avec votre projet. Elles ne s'adressent pas toutes au même public.

- Ayez toujours des crypto en réserve pour payer les frais de mise en vente (gas fees)

- Renseignez les détails de votre œuvre (de préférence en anglais) en expliquant votre démarche et votre projet. Avec l'expérience, vous comprendrez que l'on achète une personnalité plus qu'une œuvre.

- Définissez votre stratégie en amont : Le NFT sera-t-il couplé à un objet réel (un tableau, un disque, un objet, une expérience...) Précisez-le dans la description.

- Définissez le nombre d'exemplaires : La stratégie de rareté est au cœur de toutes les plus grosses spéculations dans le domaine.

- Considérez les royalties (droit de suite) que vous voulez toucher à chaque revente.

- Les commissions peuvent varier de 0 à 50%. 10% semble un bon compromis qui vous permettra de toucher régulièrement des droits et ne freinera pas les acheteurs qui ont des ambitions spéculatives.

La plateforme vous informe des gas fees qui seront à payer pour la mise en ligne. Oui, vous devez payer !

Les plateformes les plus accessibles :

- Rarible

- OpenSea

- Hic et nunc

La plateforme plus écolo :

- Truesy

Les plateformes les plus Hype et sélectives :

- Foundation

- Superrare

Les plateformes les plus arty :

- Danae

A noter que certaines start up travaillent sur des plateforme en marque blanche qui vous permettront de créer votre propre site et de vendre en direct.

Si cette solution est alléchante, pensez que vous n'aurez pas la visibilité qu'offrent les autres plateformes qui drainent un public très large et très international.

Cette solution est pour vous si vous avez une communauté très large, très établie et qui vous suit déjà. Les retombées risquent d'être décevantes si vous ne communiquez pas et si vous n'engagez pas vos followers dans l'achat ou les enchères.
Ne sous-estimez pas la partie émotionnelle dans l'achat d'un NFT.

Stratégies de vente

Ce seul sujet pourrait faire l'objet d'un livre séparé. Alors allons à l'essentiel :

Créez votre communauté.

Avant de vouloir vendre, vous devez savoir à qui vous souhaitez vendre.

Si vous ne l'avez pas encore fait, filez illico sur Instagram, Twitter... Et créez vos comptes d'artistes.

Ensuite rendez-vous sur

Discord
ClubHouse
Bitclout

Pour échanger avec d'autres artistes et collectionneurs.

Nous sommes d'accord, il est difficile d'être présent et actif partout. En revanche, occuper le terrain et être visible peut rassurer vos futurs acheteurs.

Discord, Twitter, ClubHouse et Bitclout sont des réseaux sociaux où il faut être actif mais où vous trouverez de nombreux contacts et découvrirez des trucs et astuces.

Au moment même où j'écris ces lignes, sur Clubhouse, il y a une quinzaine de rooms actives en anglais sur les NFT (et je ne parle même pas de Discord)

Trouvez le canal le plus agréable pour vous et commencez à échanger. Rappelez-vous, l'agent et la galerie, c'est vous maintenant.

Pricing

- Définissez le prix de vente en fonction de plusieurs critères :
    - La rareté de votre œuvre (le nombre d'exemplaires mis en vente)
    - La collection dans laquelle l'œuvre s'inscrit : Est-ce une œuvre isolée ou une partie d'une œuvre qui s'inscrit dans un projet plus global.

- Votre renommée dans votre domaine. Ayez l'humilité de commencer à un tarif raisonnable. (Regardez qui vend quoi et à quel prix)
- Pensez aux gas fees qui seront ajoutés au prix de l'œuvre lors de la vente et qui pourraient freiner les acheteurs les plus novices.
- Soyez malin et ajoutez quelque chose de différent :
    - Un goodie
    - Une épreuve physique qui sera envoyée à l'acquéreur
    - Un bonus caché
    - Une expérience...

C'est vous l'artiste, à vous d'imaginer quelque chose qui sorte de l'ordinaire.

Beeple offre un cadre numérique avec l'achat de certaines œuvres. Histoire de pouvoir les afficher directement chez vous. Au prix où ses œuvres s'arrachent, il est naturel de faire ce petit geste.

Pensez à demain

Créer un NFT c'est rigolo. Mais demain. Que deviendra-t-il ?

Si vous êtes un artiste confirmé et avez besoin de borner votre vente, vous pouvez faire appel à un cabinet spécialisé pour :

- Définir clairement les conditions de vente de l'œuvre.
- Déterminer ce que l'acquéreur a le droit de faire ou pas : droit de copie privée, droit d'exploitation, droit d'édition, droit de commercialisation... Ce peut être utile pour que votre dessin original ne se retrouve pas sur une collection de mugs chez Gifi.

Ne pensez pas que cela va de soi. La France est très protectrice sur le droit d'auteur, mais ce n'est pas le cas dans le reste de l'Europe, et encore moins dans le monde !

Le contrat juridique sera lié au NFT. C'est une protection supplémentaire.

Envisagez cette possibilité pour les œuvres uniques, d'une certaine valeur.

Pour les collectibles d'escargots à casquette, vous pourriez vous en passer... Sauf s'ils deviennent la star d'un jeu vidéo et que vous devez gérer les licences d'exploitations.

Une petite dépense au départ peut vous éviter des déconvenues par la suite !

Définir les royalties

C'est la somme que vous toucherez à chaque revente. Cela correspond au droit de suite que nous avons évoqué précédemment et qui existe pour certaines œuvres vendues en France et dans des circuits clairement identifiés.

L'usage veut que les royalties soient entre 10 et 20% Mais il peut monter à 50%.

Plus il sera élevé et plus ce sera le jackpot pour vous. Surtout si vous avez créé des collectibles qui d'arrachent.

L'acheteur est informé du taux de royalties que vous percevrez. Un taux trop élevé peut être un frein pour lui, surtout s'il achète dans une vision de spéculation.

Soyez raisonnable. Démarrez à 10% et quand vous serez une star de votre domaine, poussez le curseur jusqu'à 20. Au-delà ce sera un vrai frein.

Des royalties à plus de 20%, cela peut être une vraie démarche artistique pour éviter la revente et la spéculation. A ce moment-là, expliquez votre démarche dans la description. Cela peut faire partie de votre histoire et construire votre légende.

NFT, que dit le droit ?

Nous avons déjà évoqué à plusieurs reprises et l'aspect juridique soulevé par la forme du NFT artistique. Le sujet mérite un livre en entier tant il y a d'aspects à envisager.

La nature fiscale du NFT diffère de sa nature intrinsèque et est décorrélée de toute notion artistique.
Il faut séparer les NFT sous forme d'œuvre, et les contrats

applicables à tous les domaines que nous avons évoqués.

Aujourd'hui des entreprises spécialisées vont permettre l'inscription des caractéristiques du contrat on-chain (directement sur la blockchain). Vous vous souvenez, le NFT enregistre l'adresse du vendeur, de l'acheteur, la date et le montant. Aujourd'hui, on peut y associer un pdf ou un smart contract, avec un contrat détaillé stipulant les modalités d'exploitation de l'œuvre.

L'application des NFT à tous les domaines que nous avons évoqués précédemment entraînera des répercussions sur leur nature juridique et modifiera profondément notre rapport à l'administratif. Aujourd'hui, même si le législateur commence à se pencher sur le sujet, l'arsenal des lois tâtonne encore un peu. Comme toujours c'est en avançant que l'on apprend et les usages définiront les cadres dans lesquels ils vont s'inscrire.

La fiscalité des NFT

Les NFT ont beau être neufs dans notre horizon, la fiscalité est déjà bien ancrée. Un peu chaotique, je l'avoue... mais si vous vous plantez... ce sera votre faute !

A ce jour, les NFT sont un peu hors cadre. (Attention, ce n'est pas pour cela qu'ils sont hors fiscalité). Difficile de les considérer uniquement comme des actifs numériques (BTC, ETH...) car ils sont uniques.

Mais ils ne peuvent pas encore entrer dans le champ d'application des œuvres d'art d'un point de vue fiscal. La fiscalité est donc laissée à l'interprétation des juristes. Les textes manquant de clarté sur le sujet.

Avant d'envisager la fiscalité sur les NFT, il faut comprendre comment fonctionne la fiscalité des cryptos. Cela vous donnera déjà une petite idée des bonnes pratiques. Les cryptos sont des actifs numériques où chaque opération d'achat et de revente doit être déclarée annuellement au fisc [20]. Vous êtes taxé sur les plus-values.

Vous devez déclarer tous les comptes que vous avez créés sur des exchanges à l'étranger.

Les comptes créés sur des exchanges français transmettent automatiquement les informations à l'administration fiscale, comme votre banque.

Vous devez les déclarer, même si vous n'avez aucun actif enregistré. (Par exemple vous avez créé un compte sur Kraken pour convertir vos euros en ETH et ces ETH vous ont servi à acheter un NFT sur OpenSea)

Vous ne possédez plus de ETH, mais devez déclarer ce compte domicilié aux USA.

L'oubli de déclaration est majoré d'une pénalité de 750€. Et 125€ par inexactitude dans la déclaration. (Vous devez fournir le nom de l'exchange, mais aussi l'adresse de son siège social)

Pour chacun de ces exchanges, vous déclarerez les

versements que vous avez faits : Versements en € transformés en cryptos.

Pour chacun de ces exchanges, vous déclarerez aussi les retraits que vous avez réalisés : les cryptos transformés en € ainsi que les conversions de crypto à crypto (vous avez convertis vos BTC en ETH)

Imaginons vous avez misé toutes vos économies avant le bullrun du BTC, vous avez doublé votre mise et vous voulez en profiter, vous allez déclarer vos retraits.

Là où cela devient plus pernicieux, c'est si vous avez une CB crypto qui vous permet d'acheter une baguette et votre café à la boulangerie du coin. Chacune de ces transaction, même pour 2€, devra être déclarée. Vous la voyez venir l'usine à gaz ?

Au-delà de 305€ de retrait (par virement ou par achat) ce sont toutes les plus-values de tous vos exchanges qui sont imposables.

Pas votre patrimoine, uniquement votre plus-value. En Europe, d'autres fiscalités s'appliquent et facilitent l'utilisation des cartes bancaires liées aux comptes en crypto. A espérer une uniformisation rapide ou au moins une simplification.

Cas 1

Imaginons vous avez investi 1000€.

Votre plus-value est de 400€ et votre portefeuille est de 1400€

Vous avez retiré 500€

Vous paierez 30% de 400€ soit 120€

Cas 2

Vous avez investi 1000€

Vous avez fait une plus-value de 400€

Vous avez converti vos BTC en ETH

Vous ne paierez rien cette année.

Les conversions de crypto à crypto doivent être déclarées mais ne sont pas taxées. (De l'intérêt de conserver vos cryptos sous forme de stable coins)

Cas 3

Vous avez investi 1000€

Vous avez fait une moins-value de 200€

Vous pouvez la déclarer cette année mais ne pourrez pas reporter cette perte sur vos plus-value de l'année prochaine.

C'est injuste parce que certaines moins-values financières peuvent être reportées, mais pas sur les cryptos (information qui peut être amenée à changer entre le moment où j'écris et où vous me lisez, renseignez-vous)

Mon conseil :

Tenez un carnet détaillé.

Ayez une page exchange par exchange.

Listez à la main (ou dans un tableau Excel si vous préférez) TOUTES les opérations. (Si je vous dis de le faire dans un carnet, c'est parce que c'est plus simple d'attraper le carnet et d'y noter votre opération que d'ouvrir votre ordinateur et Excel)

Chaque exchange vous permet d'accéder à un historique. Mais tout est enregistré et ce n'est pas toujours hyper lisible. Et surtout, vous n'avez pas le nom de l'exchange sur lequel vous avez envoyé des cryptos. Uniquement la référence de la clé privée.

Sur Etherscan, vous avez accès un historique concernant vos opérations en ETH. Mais croyez-moi, il sera beaucoup plus simple de reprendre votre petit carnet (si vous avez été raisonnable et assidu) que de retrouver chaque clé privée pour attribuer vos opérations.

Ok, mais les NFT là-dedans ?

Vous devez retenir que tant que les NFT ne sont pas éligibles à la protection par le droit d'auteur, il faut les envisager comme des actifs numériques, déclarer leur achats et s'acquitter de la flat tax (le Prélèvement Forfaitaire Unique) de 30% si vous avez revendu pour plus de 305€ (tous les exchanges et toutes les crypto confondues)

Tant que vous ne les revendez pas, ne les échangez pas, la flat tax ne s'applique pas.

Le jour où l'œuvre de l'esprit sera reconnue (la création artistique) c'est le régime de cession des œuvres d'art, qui prévoit une taxe forfaitaire de 6,5 % sur le prix de vente, qui devrait pouvoir s'appliquer.

A ce jour, les Etats Unis ont réglé le problème et les NFT sont taxés à 30% comme n'importe quel actif numérique.

Restez alerte sur le sujet. Surtout si vous revendez vos NFT. Tant que vous les conservez, vous pourrez ne déclarer que vos exchanges et leur achats. C'est la revente qui déclenche une action génératrice d'imposition.

Idem pour les stablecoins (on l'a évoqué précédemment) si vous vendez vos NFT et que vous gardez vos cryptos ou stackez vos stablecoins, à ce jour, vous n'êtes pas imposable sur vos plus-value. (Le mot important étant : à ce jour)

Pour vous simplifier la vie, certaines entreprises se chargent de calculer votre imposition. Pour un forfait de 65 à 300$ vous leur transmettez la copie de vos opérations et ils se chargent de calculer votre flat tax. Cette dépense devient vraiment intéressante quand vous avez l'habitude de trader et enchaînez plusieurs opérations par semaine. Aujourd'hui ce sont principalement des entreprises américaines, mais nous devrions voir le service arriver en France si la déclaration reste aussi compliquée qu'aujourd'hui.

En résumé :

Lorsque vous ferez votre déclaration de revenus, prenez le temps de bien faire les choses.

Dans la partie revenus, cochez la case « Plus-value et gains divers ».

Dans la partie Annexes :

Choisissez l'annexe 2086

A ce moment-là, vous pourrez maudire les impôts qui vous demanderont :

- La date de transaction
- Le montant de la transaction
- La nature de la transaction
- Le solde de votre portefeuille au moment de la transaction
- Les frais (qui viennent déduire votre plus-value) comme les frais de gas fees.

Lien vers l'annexe 2086 : **https://bit.ly/3Dk9ZYW**

En attendant que cela soit simplifié, c'est une petite gymnastique d'écriture comptable qui vous épargnera bien des tracas par la suite.

Téléchargez également l'annexe 3916 et 3916 bis pour déclarer vos exchanges. Attention, il faut remplir ce formulaire même si vous n'avez pas vendu vos crypto ou vos NFT.

A noter que ces conseils et ces formulaires ne s'appliquent que pour les particuliers.

Si vos gains en cryptos sont supérieurs à vos revenus habituels, vous serez automatiquement considéré comme un professionnel. Et vous devrez faire votre déclaration de plus-values sous la rubrique BIC, même si vous êtes un particulier. Si vos gains sont occasionnels, ils seront considérés comme des BNC (Bénéfices non commerciaux)

Si l'échange de crypto est votre activité principale elle entre également sous le cadre des BIC (Bénéfices industriels et commerciaux) Idem pour l'activité de minage qui doit être déclarée comme telle[21].

Et si vous avez ouvert vos comptes au nom de votre entreprise, c'est encore une autre fiscalité qui s'applique et c'est tellement une usine à gaz que j'ai renoncé définitivement à accepter les règlements en cryptos pour mes activités.

NB : Si la création ou l'achat et la revente des NFT est votre activité professionnelle principale, l'imposition à l'impôt sur le revenu BNC et des BIC peut être défendue auprès de l'administration. Mais le sujet est encore très peu clair à l'heure actuelle. Aussi pour l'administration à qui j'ai posé la question, et qui vous vous en doutiez, ne sait pas ce qu'est un NFT.

Dans le moindre doute, prenez conseil. Posez la question à un juriste ou un avocat spécialisé. Cela vous évitera bien des déconvenues par la suite.

Les informations données sont celles qui sont exactes à la date d'édition. Tout peut encore changer.

OBJECTIONS

Objections et controverses

Les nouvelles technologies et leurs champs des possibles doivent faire face, comme toute révolution, à leur lot d'objections et de controverses.

Certains journalistes ont raillé sur les plateaux de chaînes d'info les early adopters venus expliquer la mutation économique que nous sommes en train de vivre. Ce n'est pas parce que nous ne comprenons pas quelque chose que c'est à jeter à la poubelle.

Bruno Lemaire, pourtant ministre des Finances, a salué la levée de fonds de Sorare en les comparant à Panini et ses vignettes... Il y a 3 ans à peine, il déclarait qu'il fallait réguler les cryptos qui favorisaient les trafics en tous genres... Le chemin est encore long !

Notre instinct grégaire nous poussera toujours à idéaliser : « C'était mieux avant. »

Ok, les robe vichy des années 60, les petits nœuds dans les cheveux et les comédies musicales de Jacques Demy cela avait un certain charme... Tout comme les femmes qui avaient besoin de l'autorisation de leur mari pour ouvrir un compte bancaire, les coupures d'électricité inopinées et quasi quotidiennes, la mortalité infantile... c'était ça aussi les années 60 !

Le progrès apporte son lot légitime d'interrogations, mais aussi beaucoup de mésinformation. Ma vision sur le sujet n'est pas angélique, même si je suis enthousiaste. J'essaie d'être le plus objective possible en évaluant les risques et les bénéfices.

Par exemple je refuserai une économie où les paiements en espèces seraient bannis. Car ce serait la fin de l'anonymat le plus essentiel.

Cependant, il faut voir les aspects positifs et faire en sorte que cette évolution technologique et sociétale soit à notre service. Et c'est là où je m'enthousiasme, car j'entrevois tous les domaines d'exploitations où les NFT peuvent devenir une réelle valeur ajoutée.

Pour avancer il faut aborder les objections de la manière la plus objective et dépassionnée qui soit. Les entendre, les analyser et les comprendre avant d'y répondre.

1- Les cryptos ne sont pas écolo.

C'est l'objection numéro 1. Oui, les ordinateurs qui minent vos opérations consomment de l'électricité. C'est impressionnant quand on voit les fermes de minages avec ces serveurs alignés sur des dizaines de mètres on a une pensée pour la planète.

Mais il s'agit de la même chose pour les clouds qui abritent les datas que vous échangez chaque jour et plus particulièrement les films que vous regardez en streaming ou les vidéos de bébé chat que vous envoyez à votre daronne pour la faire rigoler. La seule différence est qu'Apple n'ouvrira jamais les lieux secrets où moulinent les serveurs qui hébergent leurs clouds.
La seule chose que l'on puisse reconnaître aux fermes de minage est d'être transparentes sur le sujet. Certains geek vous expliquent en vidéo comment créer, chez vous, des unités de minage et vous informent sur la quantité d'électricité qui est consommée.

Elon Musk a déclaré arrêter d'accepter les paiements en cryptos pour ses voitures Tesla parce que ce n'était pas écologique. Tout le monde a applaudi et a revendu ses BTC dans la foulée. Si Elon l'a dit... alors, on suit le mouvement. La réalité était bien moins altruiste comme expliqué précédemment. L'excuse éminemment émotionnelle du sauvetage de la planète était idéale pour masquer sa manipulation des marchés.

Avoir une conscience écologique est indispensable. Mais renoncer au BTC c'est alors aussi renoncer au streaming, aux clouds et aux photos numériques si on veut être cohérent.
Rassurez-vous pendant que nous évoquons le sujets, certaines entreprises planchent sur le la consommation d'énergie et de nouveaux protocoles plus rapides en calculs et moins gourmands en énergie sont en train de voir le jour. La

question, si elle est cruciale, n'est donc pas ignorée par les plus grands acteurs du secteur.

2- Les cryptos et les NFT sont des scams (des arnaques)

Oui, il y en a eu, il y en a et il y en aura. Ne serait-ce que parce que le droit est encore un peu flou sur le sujet. Mais on n'éradique pas tous les shampooings parce qu'une influenceuse a vendu sur TikTok une vulgaire lessive pour des cosmétiques révolutionnaires. Les promesses n'engagent que ceux qui y croient.

Il faut faire la différence entre la technologie et ce que les gens en font. Si vous laissez votre clé sur la porte, ne venez pas accuser le serrurier si vous avez été cambriolé. Pour les cryptos c'est pareil.

Vous êtes responsable de votre sécurité (et du discernement avec lequel vous investirez dans certains projets. C'est à ce titre que je vous ai mis en garde sur le discours de certains influenceurs trop prompts à partager des pseudos bons plans).

Toute nouvelle technologie attire son nombre de hackeurs et d'arnaqueurs prêts à tout pour trouver la faille. C'est pour cela qu'on recommandera toujours d'être prudent.

Et la prudence est très différente de l'immobilisme. Allez-y, pas à pas. Une fois que vous comprendrez mieux la mécanique, vous pourrez aller plus loin et investir dans des projets plus ambitieux.

Mes premiers investissements en crypto ne représentaient qu'une centaine d'euros par mois. Une somme utilisée pour tester, comprendre, ajuster le tir de mes investissements et de mes opérations. Et j'ai fait des boulettes. J'ai envoyé des ETH sur un wallet qui ne pouvait accueillir que des CHZ. Cette somme est perdue ad vitam.

La prochaine fois, je serai plus attentive et je fais contre mauvaise fortune bon cœur en me disant que je me suis offert une leçon à 100€.

Ce qui doit vous alerter :

- Les promesses trop alléchantes. Doubler, tripler votre mise grâce aux cryptos ou aux NFT. Devenir millionnaire... Oui c'est possible. Mais il n'y a pas de recette magique. Cela demande du temps, de l'analyse et une connaissance poussée des mécanismes et des marchés. Certains y arrivent, mais ce qu'ils ne vous disent pas c'est que ce sont des geeks en puissance, des développeurs ou des traders qui ont le nez dans les cryptos depuis 10 ans. Pas de recettes miracles mais des connaissances, du travail, des boulettes et on recommence.

- Les entreprises qui recrutent sur les réseaux. Il faut faire la différence entre les sociétés qui partagent avec leur communauté sur les réseaux : Discord, Telegram, ClubHouse et les influenceurs qui vous recrutent sur TikTok, Insta et Snapchat en vous faisant miroiter monts et merveilles.

- Les entreprises qui vous invitent à faire entrer vos amis dans le bon plan (c'est la base d'une pyramide de Ponzi[22])

Sachez doser entre la prudence et la prise de risque dans vos investissements. Ne claquez pas votre assurance-vie ou ne revendez pas les bijoux de votre maman pour investir. En revanche, si vous obtenez une augmentation, au lieu de tout claquer en restos et en baskets, investir, c'est peut-être une bonne idée !

3- Il n'y a aucune autorité de régulation

C'est vrai et faux.

L'intérêt de la décentralisation, c'est qu'un seul organisme n'a pas le pouvoir et ne peut pas décider de tout. Pour mémoire, c'est une centralisation et des ententes entre banques sur des produits bancaires à la limite de la légalité qui ont créé la crise des subprimes en 2008 et la crise économique qui s'en est suivie.

La réalité est que les banques n'ont aucun intérêt (à ce jour) à voir le développement des cryptos. La seule raison pour laquelle elles semblent frileuses, c'est parce qu'elles prétendent ne pas être prêtes d'un point de vue technologique ni stratégique. Les banques, c'est une rangée de dominos.

Encore une fois, je ne dis pas que les blockchains sont la panacée. Mais à partir du moment où on est ok pour que notre employeur nous paie avec une ligne comptable sans réalité matérielle. En quoi est-ce qu'une opération validée sur la blockchain est différente ?

Parce que demain vous pouvez aller au guichet et retirer tout en cash ?

Vous comme moi savez que ce n'est pas possible. Et que vos liquidités ne peuvent être retirées en espèces à moins d'avoir prévenu la banque et rempli une multitude de papiers pour justifier de votre retrait.

Vos actifs bancaires n'étant garantis par les banques qu'à hauteur de 100.000 euros. C'est donc que vos liquidités sont déjà bien virtuelles.

On ne peut pas faire mieux pour justifier de la virtualité actuelle de l'euro. Entre la réception de votre salaire et tous les paiement en CB, vous pouvez passer un mois entier sans toucher un seul billet. En réalité, vous êtes déjà prêts pour les monnaies virtuelles.

4- Les cryptos sont volatiles

Oui. Tout comme l'étaient les monnaies avant l'euro et tout comme certaines le sont encore aujourd'hui. Allez demander aux Vénézuéliens qui se sont pris une inflation de 2960% en 2020 (source BCV – Banque centrale du Venezuela) si leur monnaie n'est pas volatile.

Comme d'autres monnaies, d'autres produits, les cryptos et les NFT sont soumis à la loi de l'offre et de la demande. Et avec l'accélération des échanges, l'opérabilité H24 et 7/7 des cryptos, il peut se passer plein de choses pendant que vous dormez.

5- On peut tout perdre en une journée.

C'est vrai. Les variations sont accentuées et une crypto peut gagner 50% en une journée et perdre 60% le lendemain. (Ce qui ne fait en réalité qu'une perte de 40% sur votre capital initial... je vous laisse prendre un papier et un crayon pour faire votre petit calcul)

Les pessimistes se concentreront sur les pertes, les optimistes sur les gains.

Gardez à l'esprit que le ratio risque/gain reste le même que sur les marchés boursiers.

Quand l'action Coca Cola perd 2% dans une journée et les regagne le lendemain. Vous ne soldez pas toutes vos positions.
Ici c'est pareil. Il faut regarder les tendances à moyen terme et ne prendre aucune décision dans la précipitation. Vous pouvez gagner beaucoup et perdre beaucoup.

Comme vous pouvez perdre beaucoup et gagner beaucoup en une seule journée.

Tout est une question de point de vue et de psychologie. Les traders les plus aguerris savent rester cois quand une forte baisse se profile et ils savent prendre leurs profits en pleine hausse. C'est l'expérience qui vous guidera dans les stratégies à adopter.

C'est identique pour les NFT. Vous pouvez acheter des images parce qu'il y a un fort engouement et les revendre au moment opportun... avant que tout le monde s'en désintéresse et s'en sépare. Il peut y avoir des fortes spéculations sur des projets d'artistes reconnus, comme des désintérêts. Restez informés et faites vos choix en connaissance de cause : sans céder à la panique, sans écouter les opportunistes et traders auto-proclamés. Et surtout évitez de jouer à : j'achète, je revends... parce que vos gains risquent de disparaître dans les gas fees.

6- Il n'y a aucune régulation

Oui et non. La régulation existe déjà par rapport à la législation de chaque pays. La flat-tax de 30% pourra même être portée à 70% si vos gains issus des cryptos étaient considérés comme votre source de revenus principale et professionnelle et si elle est largement disproportionnée à vos autres revenus. (Loi de finance 2019)

Les plateformes d'exchanges sont soumises à la législation du pays où se situe le siège social. C'est pour cela que nous vous invitons à investir sur les exchanges hébergés en Europe.

Binance, malgré sa renommée sur le marché et les millions d'utilisateurs à travers le monde a été banni de plusieurs pays. En ce moment même, cet exchange est aussi dans la tourmente en France ce qui pousse les investisseurs sur des solutions de repli. Pourtant certaines personnes continuent à l'utiliser. Et peut-être que dans un mois, tout reviendra à la normale et Binance sera conforme aux demandes de l'AMF (Autorité des Marchés Financiers)

Ces hésitations sont la conséquence d'une législation qui n'est pas encore au point dans tous les pays et une libre interprétation des textes existants.

En France, les NFT sont assujettis à la législation sur les avoirs numériques financiers. C'est donc la Flat-Tax qui s'applique. En attendant que le législateur s'empare du sujet et reconsidère (ou pas) la nature des NFT et redéfinisse le champ d'application du droit fiscal.

Pour les NFT, le droit d'auteur est également concerné, tout comme le droit du commerce et des contrats. La régulation existe car les NFT n'ayant pas encore de textes de loi clairement dédiés, ils sont rattachés à d'autres concepts juridiques. Ce n'est donc pas un domaine sans foi ni loi comme on voudrait nous le faire croire. C'est juste un domaine qui a besoin de régulation comme l'a été Internet en son temps.

7- Les cryptos c'est pour financer le darknet et le terrorisme

Les euros et les dollars aussi financent le terrorisme. On ne les interdit pas pour autant.

Lorsque, dans la lignée du Patriot-Act (suite aux attentat du 11 septembre 2001) et des attentats en France en 2015, les règlements en espèces ont été limités, vous pensez bien que ce n'est pas pour freiner les terroristes (qui trouvent toujours un moyen) mais pour tracer plus sûrement les flux bancaires.

Pour mémoire, si vous faites un échange en cash, il est immédiat. Si vous confiez à la banque un virement un vendredi, le bénéficiaire n'en profitera que le mardi suivant. Et encore, la banque peut décider de le placer sous séquestre quinze jour pour se donner le temps d'authentifier l'opération (qui peut être annulée dans les deux mois).

Durant cette période, vous ne pouvez pas profiter de cet argent qui est immobilisé. En revanche la banque peut se faire prêter dix fois plus grâce à cette somme en garantie. L'argument de la lutte contre le terrorisme est-il valable ? Je vous laisse vous faire votre propre idée.

Toute transaction sur la blockchain est transparente et est enregistrée. On peut rêver mieux comme discrétion pour les trafics en tous genre.

L'excuse du darknet et du terrorisme collent bien à la

méconnaissance de la mécanique de la blockchain. La confusion tient sûrement au fait que l'usage du darknet et des blockchain a longtemps été chasse gardée des développeurs et non du grand public.

Est-ce que les cryptos serviront à blanchir de l'argent ? A acheter des services à la limite de la légalité ? Oui. Au même titre que les euros. Ni plus ni moins.

Les terroristes, les escrocs, les trafiquants en tous genre trouveront toujours un moyen. Quel qu'il soit. Que les transactions se fassent en or, en francs, en euro ou en cryptos...

8- La presse a récemment parlé d'une arnaque à 600 millions de dollars.

Un hackeur a récemment fait la Une des journaux[23] car il a réussi à s'emparer de plus de 600 millions de dollars en cryptomonnaie. La réalité, est que sur la blockchain, tout est enregistré. Et le hackeur le sait. On sait exactement à quelle adresse unique sont allées toutes ces sommes. Non seulement il a été banni par la communauté, mais il a été identifié. Il a été averti que les fonds étaient gelés et qu'il ne pourrait opérer aucune transaction de transfert.

Cette identification n'est pas possible à l'heure actuelle pour

un hackeur qui détournerait les fonds d'une banque. Ce type d'article permet aux journalistes d'obtenir des clics. Malheureusement c'est du grain à moudre pour les détracteurs des blockchains et cela embrume l'esprit des investisseurs.
A ce jour les sommes hackées ont été restituées et l'exchange victime de la faille a fait une proposition d'embauche au hackeur au service sécurité. Ça on en a moins entendu parler... ça génère moins de clics.

9- Si les blockchains disparaissent, tous les NFT disparaissent

Oui, c'est vrai. Il y a un vrai enjeu, non pas sur la pérennité de l'Internet et des blockchains. Mais plus sur les technologies qui sont employées. Aujourd'hui, les blockchains regroupent des informations on-chain mais la plupart des NFT sont enregistrés sur des serveurs externes (off-chain). La question se pose sur la pérennité de ces serveurs, la pérennité de la technologie.

Par exemple, le tout premier site internet que j'ai créé il y a presque 20 ans a utilisé des programmes qui aujourd'hui n'existent plus. En revanche, la technologie HTML existe encore. On peut imaginer que si un archéologue trouvait un quelconque intérêt à rechercher la première version de mon site internet, il devrait pouvoir décrypter ce que j'avais créé.

Il faut espérer que les jpeg pourront encore être lus dans 100 ans... sinon il faudra miser une pierre de Rosette 2.0 permettant de décrypter tout cela.

La bonne nouvelle, est que tous les développeurs des blockchains ont conscience de cette limite actuelle et qu'il est à espérer qu'ils trouveront une solution simple.

Il y a quelques années, quand vous utilisiez une police de caractère spéciale, elle n'était pas intégrée dans le document. La personne qui le recevait (surtout si on passait de PC à MAC) perdait la mise en page et avait des chances que le document ne soit pas lisible.

Aujourd'hui, vous pouvez intégrer la police dans votre document Word. Nous pouvons donc imaginer que la solution sera trouvée rapidement. Certaines blockchains ont d'ores et déjà des capacités de calcul décuplées par rapport à la blockchain Bitcoin ou Etheréum. Le temps que vous vous y intéressiez, plusieurs solutions seront créées et vous ne vous en rendrez même pas compte.

Quelques bonnes pratiques

Si la technologie des blockchains et l'achat des NFT sont sûrs, pensez qu'il y a toujours un humain derrière les opérations et que l'humain est faillible. Avant de vous lancer tête baissée, quelques bonnes pratiques sont à mettre en place.

- Notez toujours la seed phrase (la série de mots qui garantit votre identité) à plusieurs endroits. De préférence dans un carnet, car en cas de crash de votre disque dur, vous pourrez la retrouver et impossible de la hacker.

Un exchange ou n'importe quelle plateforme décentralisée, ce n'est pas comme votre site de e-commerce qui garde en mémoire vos mots de passe et qui vous permet de les retrouver en 2 clics si vous les oubliez. Phrase perdue... fortune envolée !

- Activez TOUJOURS la double authentification.

Dans les paramètres de votre application, cochez : double authentification.
La plus connue est 2FAS (**https://2fas.com/**) que vous pouvez télécharger directement sur votre téléphone.

Une garantie supplémentaire qui vous rassurera.

- **Ayez un mot de passe unique pour chaque plateforme** et différent de tous vos autres comptes.

Je sais que c'est facile à dire et je dois avouer que je change rarement mes mots de passe et que, comble de l'horreur, j'utilise le même pour certains sites. (Ne me jetez pas la pierre, je sais que vous faites pareil)

Cependant, depuis que j'investis dans les cryptos et les NFT, j'ai fait un effort et j'utilise une super astuce : Créer une phrase mnémotechnique où j'inclus des chiffres et des symboles. Je la personnalise en ajoutant un ou plusieurs signes spécifiques.

Par exemple :

Wow le livre de Félicie est vraiment génial. J'@pprends plein de choses passionnantes et je vais lui mettre 5 *

Ce qui donne : WlldFevgJ@pdcpejvlm5*

Encore faut-il retenir la phrase... et si vous avez une mémoire aléatoire, le petit carnet ! (Encore lui. Oui, c'est vraiment mon meilleur allié !)

- **Ne faites vos transactions que l'esprit clair**

Je sais, c'est enfoncer une porte ouverte. Par expérience, je sais qu'on peut être tenté, un soir d'ennui devant la télé, de swapper des cryptos sur un autre compte... et une boulette est si vite arrivée. (Vous la sentez l'expérience personnelle) Souvenez-vous que les opérations sont irréversibles et que lorsqu'elles sont validées, il est quasi impossible de revenir en arrière.

J'ai donc décidé qu'aucune transaction ne se ferait plus de mon téléphone, mais de mon ordinateur et tant que la nuit n'est pas encore tombée.

- **Notez tout**

Même si le propre de la blockchain est de garder trace de chaque transaction, prenez l'habitude de les noter dans un carnet. Ce sera plus simple pour votre déclaration fiscale

annuelle.
Une page par exchange. (Kraken, Coinbase, Bybit, Binance...)
Listez les virements ou les achats CB que vous faites (les dépôts)

Listez les retraits (si vous convertissez vos cryptos en €)

Listez les sommes que vous stackez. Et gardez toujours un œil sur vos mouvements.

- **Définissez vos stratégies**

Si vous achetez des NFT dans une optique de spéculation, définissez AVANT d'acheter à quel prix vous voulez revendre.

Si vous êtes un collectionneur dans l'âme, vous conserverez les œuvres.
Si vous êtes un spéculateur, vous avez un objectif de plus-value.

Au moment où vous avez acheté ce collectible (les séries sur lesquelles il y a le plus de transactions d'achats et de revente) vous devez avoir à l'esprit votre objectif de revente.

Dans un carnet ou un tableur, notez la date d'achat, le prix et le prix auquel vous revendrez. Comme pour le trading, il existe des petits programmes qui permettent de revendre automatiquement au prix donné.

Ainsi le jour où l'œuvre atteint cet objectif, vous pouvez revendre sans avoir à réfléchir à votre stratégie ou à tenter de vous souvenir combien vous l'aviez acheté. Si vous voulez spéculer, ne faites pas les choses à moitié. Revendez, même si vous sentez qu'une hausse est encore possible. Dans ce cas, revendez une partie de vos avoir et voyez comment se comporte le NFT que vous avez conservé. S'il redescend à la valeur plafond que vous aviez fixée précédemment, vous revendez.

Surtout, soyez beau joueur et acceptez de perdre. Cela fait partie du jeu.

DEMAIN

Nous avons balayé un large panorama des NFT. Nous avons vu comment créer un wallet, comment acheter des cryptos, comment les convertir en tokens, comment acheter des NFT, comment les revendre ou les conserver...

Et demain, qu'adviendra-t-il de tout cela ?

Les metaverses

Si vous été un précurseur et que vous ayez joué aux Sim's, à Second Life ou à Animal Crossing (qui a tout explosé durant la pandémie), vous avez déjà approché les Metaverses sans le savoir. J'ai longuement abordé le sujet dans un chapitre précédent. Les metaverses concrétisent toutes la convergence des blockchains, cryptos et NFT.

Ils sont pressentis comme les chefs de file du web 3.0. Avec un potentiel économique identique à celui du web actuel (si ce n'est décuplé)

Les Metaverses ne sont pas un simple monde virtuel. C'est beaucoup plus que cela.

Vous y créez un avatar (personnage) qui vous ressemble ou totalement fictif (selon les plateformes) Vous y avez une identité propre qui peut être corrélée avec votre identité réelle.

L'intérêt des metaverses est l'immersion : vous entrez dans un univers totalement imaginaire ou proche de la réalité. Vous pouvez vous balader, avoir des interactions avec les autres, visiter des lieux, porter des vêtements de marque que vous aurez achetés sous forme de NFT, visiter des galeries d'art, acheter des tableaux... Nous sommes à mi-chemin entre le jeu-vidéo et la vie réelle. Dans le metaverse, vous pouvez avoir des interactions qui auront un lien avec la vie réelle. Vous pourrez visiter une boutique, commander et recevoir votre produit à domicile.

Vous voyez le potentiel économique sous-jacent ? Et tout cela avec ou sans lunettes de réalité virtuelle. (Etant donné la nature humaine, je mise plus sur la réalité augmentée que virtuelle qui sera réservée à quelques expériences, comme c'est déjà le cas actuellement)

L'avantage est que l'on peut se connecter aux metaverses depuis son ordinateur ou son téléphone. Les supports sont multiples, les metaverses vous suivent partout et vous permettent d'interagir à tout moment. C'est un nouveau monde dans votre poche.

Chaque metaverse a ses spécificités, son design (plus ou moins réaliste ou dans un esprit totalement rough draft comme dans Minecraft).

Sur Decentraland les parcelles pour construire des immeubles s'arrachent à prix d'or... 75000$ pour 9m² dans un quartier recherché.

Sur OVR certaines parcelles sont sujettes à fortes spéculations passant de 30$ à plus de 3000. (Tous les endroits stratégiques sont déjà pris d'assaut, mais vous pouvez acheter sur le second marché...)

Sur Decentraland, vous pouvez voir, essayer et acheter des accessoires Gucci qui seront livrés chez vous. Pour de vrai. Ou grâce à la réalité virtuelle, vous pouvez les voir directement sur vous.

Ce ne sont plus uniquement des accessoires qui personnalisent vos avatars. La passerelle est créée avec le monde réel. Et c'est en cela que non seulement c'est révolutionnaire mais très prometteur. Vos sites de e-commerce seront bientôt dépassés et vous testerez vos vêtements dans un metaverse avant qu'ils ne soient fabriqués à la demande et livrés chez vous.

Ceci explique l'engouement massif pour ces plateformes. Et à l'annonce de Mark Zuckerberg de renommer Facebook en Meta tous les cours des tokens des metaverses ont connu une croissance de plus de 100%.

Il faudra compter avec Facebook. Car depuis des années il rachète des applications comme Instagram, Whatsapp (réseaux sociaux) des sociétés comme Occulus (technologie de VR) 88 acquisitions au total dans les technologies de e-commerce, cybersecurité, applications pour téléphones, partages de photos, géolocalisations... En scrutant la nature des entreprises rachetées, il était facile d'imaginer ce qu'il était en train de créer.

Sa crypto est déjà prête (Le Diem créé pour combler l'accident industriel de Libra[24] mais qui lui a permis de fortement progresser sur le sujet et d'écarter les objections) Avec sa force de frappe (son nombre d'abonnés) Facebook va balayer le marché des Metaverses. La seule chose qu'on peut lui reprocher est son manque d'éducation de ses utilisateurs... mais quand on voit que l'accélération des acquisitions d'entreprises date de 2010, on peut imaginer que les metaverses sont son quotidien depuis cette période et qu'il peut ne pas avoir intégré que tout le monde ne pense pas aussi vite que lui.

Quoi qu'il en soit, rassurez-vous, il y aura autant de metaverses que d'intérêts personnels. Ce n'est pas parce que Facebook est un réseau social gigantesque qu'il n'y a pas de place pour les autres. Comme toujours, il y aura beaucoup de projets et ensuite tout se régulera.

Cependant ne pensez pas que les metaverses sont un jeu vidéo présentant un univers créé de toutes pièces. Non, c'est beaucoup plus puissant que cela. Demain nous télétravaillerons dans notre metaverse, nous y socialiserons, nous ferons du shopping, du e-learning, nous y regarderons des films et vivrons des expériences sensorielles... le véritable enjeu est l'interconnexion avec notre vie réelle (car jusqu'à preuve du contraire nous sommes encore des incarnations de chair et d'os avec des besoins bien réels)

D'ailleurs c'est pour cela que je crois fermement en OVR, car il nous permet cette appropriation du monde réel. Cela a un côté plus rassurant et moins jeu virtuel que d'autres plateformes. Quoi qu'il en soit les perspectives sont infinies.

Au moment d'écrire ces dernières lignes, j'ai l'impression qu'il y a encore tant à dire, de nouvelles applications viennent à mon esprit, de nouvelles infos tombent, de nouveaux signaux sont très positifs : la presse en parle quotidiennement, je reçois moult messages me demandant des infos et les marques se précipitent sur le marché.

Aujourd'hui seulement 7% de la population française possède des cryptos et 77% un smartphone. La progression est potentiellement de 1000% (un x 11) La mutation se fera. C'est certain.

Votre participation à cette révolution dépendra de l'intérêt que vous y trouverez.

Je déteste conclure les livres. Et celui-ci ne fera pas exception.
Ma seule consolation est de savoir que ce n'est que le début et que nous poursuivrons ensemble cette fabuleuse aventure.

Quel que soit votre intérêt pour les cryptos, les NFT et les Metaverses, j'espère avoir apporté un éclairage concret et ma pierre à l'édifice.

Nous sommes aux prémices du développement des NFT. À ce titre, certaines informations deviendront peut-être obsolètes d'ici quelques heures, quelques jours, quelques semaines... Mais je pense que mon analyse de fond est juste et ouvre le champs des possibles.

Le plus important est que vous compreniez comment fonctionne ce nouvel écosystème qui est amené à transformer profondément notre vie et notre rapport au numérique. De nombreuses questions restent encore en suspens, notamment sur la protection des données mais je sais que certaines entreprises travaillent déjà sur le sujet.

Même si je me défends de vous prodiguer des conseils d'investissement, il est difficile de ne pas vous mettre en garde. Car même si je suis très enthousiaste sur les NFT, je reste lucide. Mon objectif est d'envisager leur application dans la vie réelle et pour cela, je m'appuie sur ce que ces 25 dernières années nous ont appris de l'Internet.

Sans faire de projection calquée (ce serait trop simple et il y a trop de variables qui risquent de changer la donne) il est possible d'anticiper quelques courants.

Par exemple les plus gros et les premiers risquent le péché d'orgueil à un moment donné.

Comme a fait Yahoo qui a snobé Google... et qui a permis à Google de devenir ce qu'il est.

Leçon à retenir : Ne jamais sous-estimer le concurrent (quelle que soit sa taille)

On ne peut pas nier l'avancée technologique. Comme celle des Metaverses. Même si on ne saisit pas tout à fait les tenants et les aboutissants. Comme l'a fait Kodak en n'anticipant pas l'essor de la photo numérique alors qu'il en était l'inventeur.

S'il y avait une seule vérité, une seule projection... nous y serions tous et nous vivrions tous un eldorado des cryptos et des NFT. La vérité est entre les deux et la sagesse est faite d'équilibre. Alors, j'observe ce qui se passe et ensuite j'avancerai mes pions.

J'espère avoir été un guide averti à vos côtés. Et j'espère encore plus avoir aiguisé votre curiosité. Maintenant c'est à vous de jouer. Vous pouvez investir, créer, spéculer... en fonction de vos ambitions et de vos valeurs.

Vous pouvez me suivre sur tous les réseaux : Félicie le Dragon Vous pouvez suivre la page sur Linkedin : NFT Madam. Vous pouvez vous inscrire sur le site ww.NFT– Madam.com, vous y retrouverez les dernières informations, un glossaire complet, et quelques bonus.

Je vous remercie encore pour votre confiance. Vous ne pouvez pas imaginer quel est le plaisir d'écrire et de partager un projet dans lequel on croit très fortement.

Que votre parcours dans l'univers des N FT soit parsemé d'expériences heureuses, et de quelques petites boulettes, parce que c'est en commettant des erreurs que l'on apprend et nous ne sommes qu'au début du chemin.

À très bientôt pour de nouvelles aventures.

Peace and be NFT wild.

L'espace-temps des NFT est totalement délirant. En un mois, il se passe autant de chose qu'en un an aux débuts de l'Internet.
Je dois vous avouer qu'il n'est pas toujours simple d'avoir un panorama de toute l'info.

Ici, je vous donne quelques ressources pour vous permettre d'aller un peu plus loin et de démarrer votre aventure dans les NFT.

Afin de ne pas communiquer des informations qui seraient obsolètes avant d'être publiées, je compléterai ces pages par des articles sur le site **www.nft-madam.com** ou sur la page LinkedIn.

Je vous encourage à faire vos propres recherches d'une manière empirique. L'information étant tellement pléthorique que je vous invite à commencer et petit à petit d'aller chercher les infos quand vous butez sur un concept qui vous échappe.

J'aurais pu repousser la sortie de ce livre indéfiniment, vous parler des layers 2, de Snoop Dog qui vient de sortir du bois et révéler la fortune (17$M) investie dans les NFT, les nouvelles blockchains qui vont révolutionner l'approche des NFT comme Polygon ou Ternoa, les projets de mémoire numérique, toutes les marques de luxe qui se lancent dans les NFT, tous les nouveaux services destinés à vous simplifier la vie...

Vous avez compris, je pourrais encore écrire des pages et des pages. Mais je préfère que vous vous jetiez dans le grand bain et que vous vous fassiez votre propre idée.

Je serai toujours là pour vous donner des pistes de réflexion, pour vous donner des bons plans, et vous aider à réfléchir sur le sujet.

Vous voulez vous informer ?

Les podcasts

NFT Morning

Tous les matins sur ClubHouse et en replay sur votre plateforme de podcast préféré : John Karp et Rémy Peretz décryptent les NFT et vous donnent plein d'infos sur les projets artistiques qui feront le buzz demain. Cœur sur eux !

www.nftmorning.com

Les sites à suivre pour l'info

Cryptoast

Acheter un wallet externe :

www.ledger.com

Vous informer sur le BTC

www.bitcoin.fr

Ouvrir un compte sur un exchange :

www.paymium.com
www.kraken.com
www.bybit.com
www.binance.com

Acheter des collectibles :

www.rarible.com
www.sorare.com
www.socios.com

Acheter de l'art :

https://superrare.com/
https://foundation.app/
https://www.ladecouverte.art/

BONUS

Comment installer Metamask ?

Metamask est un wallet (portefeuille) de cryptomonnaies basé sur la Blockchain Ethereum.

Il permet ainsi de sécuriser et gérer de l'ETH (Ether) et tous les tokens (jetons) qui utilisent cette blockchain. (La plus fréquente actuellement)

1- Rendez-vous sur : https://metamask.io/

2- Cliquez sur download

3- Choisissez votre extension : Google Chrome, IOS, Androïd ((Je vous conseille de l'installer sur votre PC et sur votre téléphone)

4- Laissez-vous guider pour la création de votre wallet.

Vous allez définir un mot de passe qui vous permettra de lancer le plug-inn Metamask. En revanche, l'accès au wallet ne peut se faire qu'à partir d'une phrase de sécurité de 12 mots.
Cette phrase est unique et ne pourra pas être retrouvée en cas de perte. Notez-la précieusement dans un endroit où vous saurez toujours la retrouver.

Si vous perdez cette phrase, tout le contenu de votre wallet est perdu.

Pour payer (envoyer) des ETH ou d'autres tokens, il vous suffit de renseigner l'adresse publique du destinataire et de cliquer sur Envoyer.

Metamask vous propose 3 options :

Buy : Importer des ETH depuis votre exchange. Envoyer : Payer un achat en renseignant l'adresse publique ou plus simplement en scannant le QR code que le destinataire vous a fourni.

Swap : Convertir vos ETH ou n'importe quel autre crypto ou token.

La plupart des plateformes interagissent avec Metamask, mais vous pouvez préférer :

Torus : permet de se connecter en un clic avec son compte Google ou Facebook. Cependant certaines actions ne sont accessibles que par abonnement.

Portis : Aucun commentaire à faire sur ce wallet. Fonctionnalités classiques.

Coinbase : Propose une interface en français et regroupe les principales cryptos du marché.

Fortmatic : Société américaine, ce qui veut dire que la vérification d'identité sera plus complète et vous devrez justifier que vous n'avez aucune activité aux USA.

Vous verrez à l'usage que c'est un réel avantage d'avoir son wallet dans les extensions de son navigateur. Cela simplifie vraiment les transactions.

Si vous avez apprécié ce livre, pensez à laisser 5 étoiles sur Amazon ou la Fnac et un commentaire.
C'est ce qui permet, à nous, petits auteurs, de faire connaître et reconnaître notre travail.

Merci !

Et si vous avez des questions ou des suggestions écrivez-moi :

felicieledragon@gmail.com

A propos de l'auteur

Autant je suis très pipelette... et que je peux raconter mille anecdotes m'étant arrivées (parce que j'ai eu mille vies) qu'écrire une bio... c'est compliqué.

Je suis Belge mais parisienne pour toujours. Le périph est ma frontière et j'aime l'arpenter au volant de ma Batmobile. Oui, c'est moi qui remets du rouge à lèvre au feu...rouge (logique implacable)

Sinon, je suis une éternelle curieuse qui a publié 14 livres (Flammarion, Parigramme, L'Express...), fait de la radio, des podcasts, créé une agence d'architecture d'intérieur de luxe, créé plusieurs entreprises, en France et à l'étranger, fait du consulting pour le retail... si vous ne voyez pas le lien, rassurez-vous, moi je sais où je vais.

Aujourd'hui je me passionne pour les NFT, les blockchains, et les metaverses où j'ai pu réunir toute mon expérience professionnelle et mon analyse marketing implacable. Je donne des cours dans des écoles et des universités sur ce sujet (Dauphine, Paris School of Luxury, Ecole W...) et je conseille les entreprises les plus ambitieuses sur les NFT.

Sur LinkedIn, je snipe plus vite que mon ombre, mais c'est toujours pour la bonne cause (la mienne)

ALLER PLUS LOIN

Construction – Deconstruction

www.construction-deconstruction.xyz

C'est un projet de 298 NFT., 5 gifs et une seule vidéo. 298 mots qui sont mon histoire.

Ils sont regroupés dans un livre. Chaque mot est unique et a une histoire propre.

Le Dico des Crypto

Un glossaire complet de tous les termes de l'univers crypto... Le guide à toujours avoir sous la main pour tout comprendre !

Blockchain, Metaverses, Crypto et NFT, toutes les définitions, tous les anglicismes expliqués pour pouvoir s'y retrouver. (Sortie décembre 2021)

Et comme on n'est jamais aussi bien servi que par soi-même... L'instant autopromo pour Vergertures.

25 conseils extravagants pour entreprendre.

Parce que parfois on a besoin de se recentrer sur l'essentiel et parce que la vie d'un entrepreneur n'est pas toujours un long fleuve tranquille, 25 conseils iconoclastes qui vous feront adorer votre vie d'entrepreneur.

Vergetures est le tout premier livre francophone qui a été vendu sous forme de NFT. Il est dispo en version papier ou Kindle sur Amazon : https://amzn.to/3lK1qQi et sur Kobo (Fnac)

Notes

1 https://bit.ly/3kLS9a0 Vente aux enchères : record mondial pour l'œuvre numérique de Beeple vendue près de 70 millions de dollars chez Christie's

2 www.construction-deconstruction.xyz Un projet de 298 NFT autour de la mémoire. 298 mots qui font mon histoire.

3 Je possède mon propre Coin sur Bitclout. Une plateforme qui mise sur la notoriété de ses acteurs.
A ce jour mon coin vaut 40$ et si je gagne en notoriété, vous ferez une plus-value.
https://bit.ly/2ZvJuQH

4 Un hacker a détourné 600 millions de dollars. En oubliant une chose, c'est que dans la blockchain, on connait exactement l'adresse (le wallet) émetteur et récepteur de chaque transaction. Vite démasqué, il s'est engagé à tout rendre (aucune plateforme n'aurait accepté de lui échanger ses bitcoins contre des dollars) et l'honneur est sauf car il s'est transformé en white hat (un gentil hacker qui met en lumière une faille du système)

5 Et l'Eternel dit à Caïn : Où est Abel ton frère ? Et il lui répondit : Je ne sais, suis-je le gardien de mon frère ?

6 Agnan était le premier de la classe et le chouchou de la maîtresse dans la série de livres Le Petit Nicolas de Sempé et Goscinny. Les copains le trouvent insupportable et ils ne peuvent même pas lui taper dessus à cause de ses lunettes. Si vous ne connaissez pas cette référence... vous êtes passé à côté de quelque chose ou alors c'était vous le Agnan de la classe !

7 Véritable réussite d'un point de vue technologique *(lire ci-dessus)*, le tunnel sous la Manche n'a pas brillé, jusqu'à ces dernières années, par ses aspects financiers et boursiers. Coût des travaux multiplié par trois. En 1987, l'action est introduite à 35 F (5,34 €). Pour séduire les petits porteurs, la direction d'Eurotunnel leur fait miroiter un avenir radieux : des prévisions de trafic optimistes (plus de 30 millions de voyageurs à l'horizon 2000 alors qu'en 2003 le tunnel n'en enregistrait encore que 6,8 millions) et un dividende dès 1995. Le premier a été distribué en... 2009 !

8 Officiellement le Bitcoin a été créé par Satoshi Sakamoto mais on ignore tout de la personnalité qui se cache derrière ce pseudonyme. Un homme, une femme, un collectif ? Ou Xavier Dupont-de-Ligonnès (une petite vanne qui fait référence à mon précédent ouvrage Vergetures)
Cet anonymat entretient le mystère et la légende. En 2008 Satoshi Nakamoto a réservé le nom de domaine bitcoin.org, et a publié le white paper (projet) en anglais : « *Une version de l'argent électronique, purement conçue pour être peer to peer, permettrait de réaliser des paiements en ligne en les envoyant directement d'un pair à un autre,* sans passer par une institution financière »
De nombreuses personnes tentent de découvrir qui se cache derrière Nakamoto, une quête digne de la chasse au trésor de la Chouette d'Or.

9 La vidéo de Nyan Cat a été vue plus de 190 millions de fois... Après visionnage, vous comprendrez comment naissent les psychopathes https://bit.ly/3ss2f1V

10 Vous entendrez souvent parler de burn pour certaines œuvres qui sont détruites si elles n'ont pas été achetées ou pour celles qui avaient une durée de vie éphémère. Ce qui renvoie à l'œuvre de Banksy qui s'est auto-détruite lors de sa mise aux enchères.

11 A titre purement empirique, j'ai réalisé que le moment où les gas fees sont au plus bas est dans le milieu de la matinée. Les marchés asiatiques ont laissé passer l'euphorie matinale et les marchés américains ne sont pas encore totalement réveillés.

Le pire moment étant aux alentours de minuit, quand les Américains sont en pleine effervescence et les Asiatiques déjà demain. Certaines transactions affichaient des gas fees de 100$ alors qu'elles sont à 20$ le lendemain. Faites vos expérience et regardez quand les gas fees sont au plus bas.
Sur Etherscan vous avez un gastracker qui vous donne en temps réel le montant des gass fees avant de vous lancer : https://bit.ly/2ZDBltA

12 Concernant le droit de suite des œuvres, les professionnels du droit me

pardonneront ce raccourci. Je vous renvoie aux textes de loi qui détaillent les conditions d'application du droit de suite des œuvres artistiques :
Article L122-8 du Code de la Propriété Intellectuelle
Articles R122-2 à 122-12 du Code de la Propriété Intellectuelle

13 A ce jour la fiscalité sur les NFT tâtonne encore un peu. (Voir le chapitre sur le sujet) Aujourd'hui les NFT sont soumis à la Flat Tax de 30% car considérés comme des actifs numériques. Demain s'ils sont reconnus comme des œuvres d'arts soumises au droit d'auteur, le prélèvement sera pourra être identique à celui des autres œuvres soit 6.5% au moment où nous imprimons.

14 https://www.linkedin.com/in/matthieu-quiniou-4587a831/

15 https://journalduluxe.fr/fr/business/les-nft-le-futur-du-luxe

16 L'expression est tirée de la Satire X du poète latin Juvénal, qui lui donne un sens péjoratif. Elle dénonce la distribution de pain et l'organisation de jeux du cirque par les empereurs romains dans le but de s'attirer la bienveillance de l'opinion. https://bit.ly/39RsBSA

17 Plus de 700 000 résultats de tests, et les données personnelles des patients, ont été durant des mois accessibles en quelques clics en raison de failles béantes sur le site de Francetest, un logiciel transférant les données des pharmaciens vers le fichier SI-DEP et pourtant non homologué.
Source Mediapart : https://www.mediapart.fr/journal/france/310821/covid-19-une-fuite-massive-de-resultats-de-tests-antigeniques

18 Vous devez déclarer tous les comptes d'actifs numériques, notamment ceux détenus à l'étranger. La plupart des plateformes sont européennes.

19 www.vergetures.pink

20 Les annexes des impôts doivent être remplies annuellement et jointes à vos déclarations de revenus.

21 Fiscalité des activités de minage https://bit.ly/3mvZIrN

22 Pyramide de Ponzi
Un système de Ponzi ou Pyramide est un montage financier frauduleux qui consiste à rémunérer les investissements des clients essentiellement par les fonds procurés par les nouveaux entrants. Si l'escroquerie n'est pas découverte, elle apparaît au grand jour au moment où elle s'écroule, c'est-à-dire quand les sommes procurées par les nouveaux entrants ne suffisent plus à couvrir les rémunérations des clients1. Elle tient son nom de Charles Ponzi qui est devenu célèbre après avoir mis en place une opération fondée sur ce principe à Boston dans les années 1920.

23 Source article Numerama : https://bit.ly/2X2IB14

24 L'échec passionnant du Libra de Facebook – Les Echos – 22 octobre 2019 - https://bit.ly/3FtTv1v

Printed by Amazon Italia Logistica S.r.l.
Torrazza Piemonte (TO), Italy

28800669R00110